天气逐渐转凉,大雁开始飞向南方。它们的意志总是那么坚强,从不动摇,从不迷茫,从不彷徨。

尉峰◎著

穿过故乡的风

CHUANGUO GUXIANG DE FENG

北方文艺出版社
哈尔滨

图书在版编目（CIP）数据

穿过故乡的风/尉峰著. -- 哈尔滨:北方文艺出版社, 2022.7
ISBN 978-7-5317-5593-7

Ⅰ.①穿… Ⅱ.①尉… Ⅲ.①散文集 – 中国 – 当代 Ⅳ.①I267

中国版本图书馆CIP数据核字(2022)第084201号

穿过故乡的风
CHUANGUO GUXIANG DE FENG

作　　者／尉　峰	
责任编辑／金　宇	封面设计／现当代文化
出版发行／北方文艺出版社	邮　　编／150008
发行电话／（0451）86825533	经　　销／新华书店
地　　址／哈尔滨市南岗区宣庆小区1号楼	网　　址／www.bfwy.com
印　　刷／成都市天金浩印务有限公司	开　　本／880mm×1230mm 1/32
字　　数／145千	印　　张／6.5
版　　次／2022年7月第1版	印　　次／2022年7月第1次印刷
书　　号／ISBN 978-7-5317-5593-7	定　　价／39.00元

序

曾 强

认识广灵籍作家尉峰兄,源于《人民日报》发表了他的一篇散文。文章是写苦菜的,是写其母亲的,是投射作家青少年生活的,无疑也是映照一个时代的。经历苦难虽然身心必然要遭受到磨砺、考验、创伤,甚至不幸,但何尝又不是一种逾越苦难后的宽适,砥砺心志后的激励,以及改变未来的强大动力呢?所以尉峰在文章结尾说,"想起苦菜似乎是一件幸福的事情,就如同想起母亲"。是啊,正因为"母亲"那代人一生经历过了太多的苦菜般的苦难,才赋予了后辈、后辈的后辈可以更多享受幸福的资源,以及资本。

我们很多人偏偏已经忘了这一点。有的人不仅忘了,甚至连幸福是什么也不知道了。

因此,拿到尉峰这本颇多苦菜意味的书稿,我读得很慢,很慢。我和他基本是同龄人,都出生在具有相似风土人情的雁北乡村,都有过被那个时代一次次淘涤过的刻骨经历,也都见证过社会在变动不居中、一日千里地飞速发展,也体验和安享着长辈们和自己青少年时代曾经付出后得到的"红利"。

这真应该算是"红利",或者说是财富。虽然有时也自矜,却很难称之为幸福。因为,无须讳言,我们的物质越来越丰盈,而人心变得越来越不古。这是人们欲望愈加横流的缘故?这是人们变得愈加自私自利的缘故?这是时代高速发展所带来的副作用?

不知道。

因而我们越来越怀念过去的时代,哪怕是一个充满了艰辛和苦难的时代。

也因而,从这部散文集中,我看到了一个从那个年代走过来的高高大大的作家尉峰。

尉峰是一个历经几次生死考验的汉子。他见证过自己"孝悌"了的父母及大哥的无奈辞世,更是经历了战场上亲密战友在身边的骤然伤亡……"生死之义大矣哉!"其在作家心目中既可能是悲切的,也可能是庄重的;既可能是揪心的,也可能是释然的。人生总有生死。生的真挚、尽职、努力,也就死的无惧、安然。这大概是当过游击队长的父亲对他长期熏陶后的豁然,是克勤克俭、辛劳一生的母亲对他耳濡目染家教后的通达,也是军人生涯对他艰苦历练后的思想升华吧。总而言之,这是生者对死者的追远,也应该是死者对生者的庇佑。

尉峰是一个勤谨认真的男人。壶流河水不仅像周流的风一样,一刻不停地流经过湿地,流经过土坯墙,流经过生他养他的村庄,也像血脉一样流经他的身体,亮化他的思想,"淘练"他

2

的乡愁,乃至滋润他的生命。因此他当村民,仔细体验和体味了农村人所有的艰辛生活;当战士,他能十三年如鱼得水地融入军营以及战场;当公职人员,尽职尽责,业余时间还从事喜爱的文学事业。"逝者如斯夫,不舍昼夜。"这虽然是孔子的感叹,却大概成了我认识的很多广灵男人刻在骨子里的珍惜时光、勤勉做事的人生信条或信念。

说到水,《道德经》有言,"智者乐水"。尉峰看上去不苟言笑,实际他内心情感真挚、深沉而丰富,特别还具备足够的聪慧和机警。何以知之?是书中告诉我的,他当过工兵,当过侦察兵。在我小时候看的电影和"小人儿书"中,这都是睿智和机灵的化身。一个士兵,能从战火纷飞、生死无常的战场中全身而退,不光需要运气,我觉得尤其需要"善利万物"……

这样的尉峰,既是一位不同凡俗的作家,更应该是一位能站立在我心头的高大男人。

一个人的一生会像风一样仅仅从世界一刮而过、无影无踪呢,还是像壶流河水一样,在不停流荡的同时,也给周边的湿地、村庄,以及村庄里无数的人们带来一次又一次的生机、繁华以及梦想呢?这是一个问题。就像我们现代人该如何认识幸福,如何认识社会,如何看待人生。

也就像我读尉峰的这本书。不是我读过了就过了,就没事了,就烟消云散了,而是这些文字个个具有灵性,甚至神性,点点滴滴地在渗透我,在滋润我,也像是在供养我。这样的感觉大

约对于尉峰对于其他读者都多多少少有一些类似吧。

很感谢尉峰兄对我的信任和期待,很感谢文字中的尉峰与我倾诉和交流,尤其感谢他把我置身于洞天福地的广灵,叫我在独特而别致的湖光山色、风土人情和历史文化之中,回溯时光,品藻世间,畅游身心。

是为序。

2021 年 11 月 2 日

曾强,大同人,文艺评论家、作家。现为中国文艺评论家协会会员,山西省作家协会会员,大同市文艺评论家协会主席。

初冬的原野 …………………………………………（ 1 ）
穿过故乡的风 ……………………………………（ 3 ）
打羊草 ……………………………………………（14）
二　哥 ……………………………………………（18）
放飞心灵的地方 …………………………………（20）
感　动 ……………………………………………（23）
观　灯 ……………………………………………（28）
行走在时光里的乡韵 ……………………………（30）
怀念母亲 …………………………………………（41）
鸡　殇 ……………………………………………（44）
家乡的味道 ………………………………………（47）
戒　烟 ……………………………………………（64）
橘子泪 ……………………………………………（67）
苦菜的思念 ………………………………………（70）
蜡　嘴 ……………………………………………（73）

老家的河滩	（76）
麻　雀	（79）
那墙，那砖	（83）
那山，那水，那人	（87）
南飞的大雁	（89）
女儿的高考	（91）
亲　戚	（94）
秋深芦花白	（98）
善　感	（101）
生长的声音	（103）
水上草原	（106）
水神堂情结	（109）
说不清的乡愁	（113）
思　念	（117）
童年趣事	（119）
我与湿地	（125）
舞　趣	（136）
下河湾	（138）
乡村情结	（141）
想起白麻	（144）
小　马	（146）
心酸的冰棍	（149）
寻找父亲的革命足迹	（153）
一盒鞋垫	（165）
一条破裤里	（169）

异地故乡情……………………………………………（171）

悠悠挑水路……………………………………………（174）

由花和叶说开去………………………………………（178）

在黄花中穿行…………………………………………（180）

重走军营………………………………………………（183）

走进六棱山……………………………………………（190）

梦中的母亲……………………………………………（192）

后　记…………………………………………………（196）

初冬的原野

天,灰蒙蒙的。寂寥的旷野上,风,握着他的小号,一会儿跑到这里嘀嘀嗒嗒吹上一阵,一会儿又跑到那里嘀嘀嗒嗒吹上一阵,俨然一位充满激情的小号手,到处播撒着他"冻"人的音乐。

成群的落叶,有杨树的,也有柳树的,纠集在一起,追逐着风满世界乱跑。仿佛一群虔诚的听众,被热情笼罩着,完全忘记了外面的寒冷。

一根枯竭的玉米秸,孤独地立在荒凉的田埂上,瑟瑟地抖动着,好像一个走失的孩子,因找不到回家的路而茫然地哭泣不止。风越逗他,他哭得越厉害。

一棵大树,不为他们的表演所动,兀自顽强地挺立着。也许,这就是项羽将军当年的那柄画戟,从乌江辗转来到高塬,在执着地等待着楚王魂兮归来。

乌鸦聒噪着落在结了些许冰碴的小河旁,"哇哇哇"地欢呼着。这时,一个满脸鼻涕的小男孩,捡起一粒又一粒小石子,不断地用力向鸦群掷去。由于隔着不窄的河床,力气又不足,石块都"嗵嗵嗵"地落到了水中。尽管如此,还是有十几只乌鸦吓得飞起又落下。

河水,无声地流着,继续着他们的征程,根本无心理睬两岸

的战况，倒是有那么一两尾小鱼儿，不甘寂寞，不时地探出头来瞧瞧热闹。

　　日暮时分，缕缕炊烟袅娜着身躯，悠然向天空升去。宛若一位妩媚的舞者，在夕阳的余晖里，伴着风的小号曲，尽情地舞着……

　　冬，就这么呼啸着来到了原野，来到了我们身边。虽然萧条，但毕竟给我们带来了希望。不是有位诗人吟过：冬天来了，春天还会远吗？

穿过故乡的风

土坯、泥坯

在北方,盖房离不开土坯或者泥坯。特别是二十世纪八九十年代之前,我的家乡大同地区。

那时的农村鲜有混凝土浇筑、砖瓦到顶的房屋,一般砌墙都用土坯或泥坯。好一点儿的人家最多在房子的四个角砌四个砖垛,人们称其"四角硬"。再好一点儿的人家,再在房子的后墙外单裱一层砖,而不是整堵墙全部用砖砌成,人们称其"后背硬"。

二十世纪八十年代初,大哥早已到了婚娶的年龄,但由于家贫,虽有媒人往来,却没能达成一纸婚约。后来好不容易有一家同意结亲,却又提出苛刻条件,没新房不嫁。无奈,为了大哥的婚事,父亲拿出全部积蓄,又借了一部分,才勉强盖了三间"四角硬",总算为大龄的大哥完了婚。那一阵子,父亲走在街头巷尾,腰杆明显比往日挺直了许多,人们看他的眼神,对待他的态度,也似乎多了几分敬重。可又有谁知道他心中的焦虑和苦楚呢?我想,那一段时间,他的压力是很大的。作为男人,一辈子免不了遭遇几次压抑苦闷,看天天灰,看地地灰,灰的山河,灰的人烟。不过,有的人很快就走出这灰色的笼罩,而有的人却需

要一生。

在我的老家东崖头村,无论谁家盖房,土坯都是自家打造。要是用泥坯,就得找一些人帮忙,尽可能在一两天内做好盖房用的全部泥坯。由于泥坯比土坯结实,因而用泥坯的人家比用土坯的人家多。但是泥坯也有不尽如人意的地方,不如土坯平整规则,砌的墙缝隙小。还有,只要盖房不是很紧急,只要有时间,土坯能够一个人慢慢地做,没有做泥坯费钱。做泥坯还得找帮手,还得好酒好肉好烟招待人家。

泥坯之所以比土坯结实,是因为加了切碎的草秸。有加稻秸的,有加黍子秸的……最好的是胡麻秸。听老人们讲,胡麻秸耐沤,持年头。

村人称"做泥坯、土坯"为"脱泥坯、土坯"。不管是哪个,工序都很简单。脱泥坯通常要在傍晚前,先将土和切碎的草秸一层一层地铺开,然后再由中间往外翻掘成坑,并蓄满水。浸泡一夜后,于次日早晨用三齿钉耙把泥草搅拌均匀,再穿着雨靴在上面反复踩,直到踩得泥筋道了,就可以脱泥坯了。一般情况下,两人一组,一人负责给用木板做成的模子里铲泥,另一人负责用抹子把模子里的泥压实,抹平,启模。由于每次铲的泥不一样多,往往是平一块,凸一块,很难做到规则平整。

脱土坯更简单,只需要一个模子,一个石锤,一把铁锹,一个人就能完成。

那个用土坯盖房的年代,在我的家乡,从大地回暖到秋收之前,随便走进一个村庄,就能看到有人在土塘里脱土坯的情景。他们把石锤放在湿土堆前,再把模子放在石锤前,用铁锹把湿土铲进模子后,两手扶着石锤的手柄,赤脚把模子里的湿土摊平,多余的拨出去，反复踩几下，然后用石锤"咚咚咚"锤三下：前边一下，后边一下，中间一下，就可以启模了。之后，把土坯码到一边，一层又一层，跟砌墙似的，晾晒干就能用了。

脱土坯给人的感觉不是劳动，倒像是一种舞蹈。在夕阳的映照下，在微风的轻拂下，在稼穑叶子的伴奏下，他们娴熟轻盈地舞着，动作潇洒优美，干净利落，一整套动作一气呵成，仿佛一只只大鸟在土堆上不停地翻动着翅膀，让人浮想联翩。

我家盖房前，父亲也脱了几天土坯。有一天，趁父亲休息的时候，我也学着他的样子铲土，踩土，却不能像他那样麻利地提起石锤锤土，顶多吃力地把石锤提到模子上就不错了。看来，任何宛如跳舞一样轻松的劳作，皆是由气力和技巧做支撑的。

后来，随着盖房工夫的逼近，而父亲的土坯却脱了没多少，才连忙找了几个人突击脱了一些泥坯，凑够砌墙的原料。因此，老家盖的那三间"四角硬"，既有土坯，又有泥坯，实属少见。

到了九十年代，随着农村经济收入的日益提高，砖厂兴起，人们开始争相盖起了砖瓦房。自此，土坯（泥坯）房渐渐淡出了人们的视野，成为一代又一代人辛酸的记忆。取而代之的是一排排整齐划一、窗明几净的红砖红瓦新房。

自此，那种像火苗一样跳动在原野上的力量之舞，在我的家乡逐渐消失，犹如那一缕缕升空的炊烟，渐行渐远，成为农民心中永久的诗行，成为村庄亘古的回忆。

鞴

有一种炊具，估计城市人听也没听说过，更别说见了，但是在农村非常普遍，以至于家家户户离不开它，离开了就做不成饭，就得饿肚子。起码在二十世纪之前是这样的。

它就是鞴。一种用来给炉灶鼓风吹火的风箱。《贺新郎·酬辛幼安再用韵见寄》曰：

离乱从头说。爱吾民、金缯不爱，蔓藤累葛。壮气尽消人脆好，冠盖阴山观雪。亏杀我、一星星发。涕出女吴成倒转，问鲁为齐弱何年月。丘也幸，由之瑟。

斩新换出旗麾别。把当时、一椿大义，拆开收合。据地一呼吾往矣，万里摇肢动骨。这话霸、又成痴绝。天地洪炉谁扇鞴，算於中、安得长坚铁。洰水破，关东裂。

这首词出自宋朝陈亮之手，是淳熙十五年（1188）冬与辛弃疾互相唱和中的一首。词中提到的鞴就是我们文中要说的鞴。

由此可见鞴的历史非常悠久，至于起源于什么朝代，无证可查。不同的是，古代的鞴为皮制，而我们今天所见到的鞴是木制。那么又是何时由皮演变成木的呢？

据说，鞴的制作要求很高，不是一般木匠能做得了的。做好了，推拉轻松自如，风力十足；做不好，劳神费力，纵然累得大汗淋漓，风也是细若游丝。

我姥爷家世代木匠，除三舅吃了公家的饭，没学木工外，大舅、二舅及表兄们皆子承父业，而且青出于蓝胜于蓝。表兄们的悟性很高，只要见过式样、图案后，没有做不来的。我结婚的家具就是二舅和表哥打造的。那时，我在大同当兵，托人捎回当时城市时兴的组合家具和双人床的画图后，他们就动工了。等我婚前回到家，家具早已打造好，而且与城市商城里卖的无二，我顿感惊讶，对表兄们的手艺佩服得五体投地。后来，由于成品家私市场的繁荣，加之木工工钱偏低养不了家，表兄们纷纷改行去做别的活计了。

我母亲虽然没有正式学过木工，但生在木匠世家，耳濡目染，也多少会些。家里有个小板凳就是母亲做的，榫卯严丝合缝，高低恰到好处，颇得前来串门的邻居们赞赏。听村里人讲，水平一般的木匠是做不好小板凳的。母亲没学过却做得很好，可见任何技能抑或艺术都是需要天赋和悟性的。

小时候，我没少在灶前帮母亲拉辅。特别是做水饸饹之类的玉米面食时，如没人帮助烧火，一个人根本完成不了。

由于我人小力薄，加之辅做得不好，以至于每推拉一次，如不使出吃奶的劲就难以完成，因而每每怨声载道。于是，母亲打开修了几次，没想到辅竟然越来越轻巧好拉了，不太费力气，我就很乐意在母亲做饭时去帮助拉辅。拉着拉着，就觉得辅发出的嗒嗒声和呼呼声，像一种音乐，谈不上婉转悠扬，却也给枯燥的做饭时光增添了无限情趣。看来境由心生，不论何时何地都是一种颠扑不破的真理。

改革开放后，随着电动鼓风机的兴起和应用，老旧的辅渐渐退出了厨房，被弃置在杂物间的角落，从此哑口无声，沦为一堆烂木头。

再后来，随着电磁炉、电饭锅、微波炉等厨房电器和燃气灶的推广和普及，农村的灶台和大铁锅也不复存在。但年纪大些的人家还有所保留，留着做水饸饹，或者客人多时蒸糕用。

而辅彻底消失了。就像那匆匆飞走的雁阵，只留下它的啼鸣在农村上空回响，偶尔随着雨滴、雪花飘落在我的心头，或者随风吹入我的心间，醉了一池心湖，潮了一颗心，吹也吹不干。

钯钉碗

儿时,经常见钉碗师傅风一样穿过街巷。他们身穿粗布衣衫,拿一把手钻,拎一个马扎,背一条褡裢,步履轻快,飘忽不定,犹如一位江湖游侠提剑行走在坑坑洼洼的长街上,颇具武士风范。

一旦有人召唤,就停下疾走的脚步,坐定后,先铺一块帆布在腿上,接着从褡裢里取出各式各样的钯钉摆放在身边。钯钉有大有小,大的足有一拃长,是用来钉大瓮大缸的;小的还不到半厘米,黄豆粒大小,是用来钉小碗小碟的。

那时碗破了,甚至打成好几块,都舍不得扔掉,还要钉补好继续用,在今天的年轻人看来,穿补丁衣服,用钯钉碗,简直是不可思议的事情。

师傅接过破碗,并不急于修复,而是上上下下仔细端详一会儿,才将破片置于两腿之上,选好合适的钻头开始打眼,根本不用尺子量,全凭眼力。

钻好钉眼后,直接取了钯钉并蘸点儿唾沫安上,丝毫不差。那时,观者没有不由衷佩服钉碗师傅手艺的。最后,师傅用小斧把钉腿轻轻打倒锤平,就算修好了。有的妇人不信不漏,当场盛了水测试,等一会儿无水渗出,才会付了钱兴冲冲地离开。

钉碗师傅除了钉碗、钉瓮,还钉瓷盆、瓦罐等陶瓷制品。他们宛若技艺精湛的外科医生,不管是残肢还是断臂,经他们精心手术,没有不恢复原样的,技艺真可谓出神入化。

记得我家有好几个钉过的碗,一道道疤痕有的像蜈蚣,有的像河流，有的像翅膀……浮雕似的，呼之欲出，甚是惹人喜爱。其中有一个豆青色的碗，钉子一个紧挨一个，细密整齐地排列着，好似一只只振翅欲飞的白鸽，组成一个倒"人"字，特别讨我喜欢，以至于有好碗我也不用，非要用这只破碗。即使弟弟和我抢，也不相让，因此常遭父母呵斥。

改革春风吹到农村后，人们的生活水平日益好转，家家户户吃穿不愁，碗更是不缺了。在我的故乡广灵，人们爱吃黄糕、面条、水饸饹之类的饭食，如果用城市人用的精细小碗吃饭，恐怕费事也别扭。因此，乡亲们多用粗瓷大碗，吃一碗顶一碗。即使端着上街看下棋，看"狼吃羊"，看"跳房子"，也不碍事，很舒坦。

我家也不例外，破碗逐渐被淘汰掉，要么丢弃，要么放在院子的角落里，任阳光照耀，月色辉映，风雨侵蚀。其中有一只就放在院子的窗台上，记不清是我的豆青碗，还是四弟的浅粉碗，一放就是十来年，雕塑一般卧在那里，任岁月从身边悄悄掠过，任年华礼花似的一年美过一年，不为所动。

有一次，我探家归来，有位朋友来看我，看见了窗台上的那只破碗，就说，现在这种碗不好找了，快成古董了。我觉得也是，但当时没太在意。过了几日，快归队了，忽然想起朋友那天说的话，寻思着将那只破碗收藏起来，谁知它竟不翼而飞。

但是也不怅惘，觉得任何美好的东西，拥在身边，固然赏心悦目，但并不能保证永久，总有分别的一天。不如藏在心里，无形亦有形，时不时地观摩一番，回忆一番，抑或和朋友们谈谈，分享一下感受，未尝不是一种拥有，未尝不是一种情趣。

石磨、石碾

我小的时候，村里就不用石磨磨面了，有专门的磨坊。磨坊里有一台磨面机、一台碾米机，整日里隆隆轰鸣，即使在村庄附近的农田里，也能听到它们的嗡嗡声，紧邻的村民更是不堪其扰。

在没有磨面机和碾米机之前，村里有石碾坊。石碾坊紧挨着我们学校，没有门，我们常进去玩耍。

石碾由一大块青石做成的圆形磨盘和碾子构成。碾子固定在木架上，木架固定在磨盘的立轴（插在磨盘中间的粗钢管）上，然后再在木架上横绑一根圆木做推杆，推着或牵着碾子滚动就能碾米磨面了。

在我的印象中，绝大多数时间石碾都沉寂着，默默地听风沙穿过窗棂，穿过门厅，穿过街道；静静地望着壶流河水哗啦啦地从眼前流过，消了冻，冻了消；悄悄地数着学校周边的柳树叶，绿了几枚，黄了几片……任村庄魔术似的变了模样，任岁月悠然飞过，如同盘旋在村庄上空的鸽哨，一圈转过来，又一圈转过去。

或许，它在回忆以往的门庭若市和车水马龙，回忆村民排队碾米的场面，回想那时的青年男女打情骂俏的情景，以及那吱吱嘎嘎的推碾声，如夜色一样朦胧、蚕丝一样越抽越多……

听说有的村庄有过石磨坊，我并没见过。但是常在豆腐作坊见到石磨，上下两片，浑身刻满纹路，中间有洞，跟车轱辘似的，用其磨黑豆，有时也磨黄豆，制作豆浆。豆腐坊为了省人省力，多用驴子拉磨，给它套上套�子，再用一块红布蒙上眼，轻拍驴屁股，驴便拉起石磨转起来，周而复始，从不偷懒。

石磨坊磨面的情况同豆腐坊磨豆浆的情况是不是一样的呢？从原理上说应该差不多。

渐渐地，进入新世纪后，豆腐坊也不用石磨磨豆浆，改用机器了。也是的，用石磨费时费力费成本，又占用地方，的确不如机器方便。

从此，石磨在我的老家再没有用武之地，成为一块没有多少实用价值的普通石头，有时被用来拴牲口，有时被当作砂石磨几下铡草刀，更多的时候，被弃在厕所或者墙角，慢慢被遗忘。

不料，去年四月的一天，在邻县灵丘的笔架山上，它又铺天盖地地闯入我的眼帘，并被其宏大的气势深深震撼。但见一个个薄厚不等，大小有别，颜色各异的磨盘，有的被铺在地上，摆成各式各样的美丽图案；有的被围在"毛笔"四周，形成车轮滚滚的造型；有的还没来得及使用，被码在一边……据介绍，这是灵丘有关部门从全国各地收购的磨盘，有磨粮的，有磨油的，有磨豆腐的……足有上千块。看来，当地为了打造特色旅游，着实动了脑筋。

尽管这不是我家乡的作为，但还是为他们的做法击节叫好。特别是看到石磨有了一个好归宿，打心眼儿里为它们高兴。

煤油灯

煤油灯在二十世纪七十年代之前是农村的主要照明设备，家家如此，概莫能外。

　　家景稍好一点儿的人家，煤油灯是购买的，外形如细腰大肚的葫芦，上面罩个形如张嘴蛤蟆的玻璃灯头，灯头一侧有个可把灯芯调进调出的旋钮，以控制灯的亮度。绝大多数人家的煤油灯都是自制的，要么用用过的墨水瓶装煤油，要么用喝完药的药瓶装煤油。先在盖上打一个圆孔，然后用铁皮卷一个放灯芯的灯管插进圆孔，再将棉线或布条做的灯芯穿过灯管，等灯芯浸透煤油，就可以用火柴点着照明了。

　　我家的煤油灯就是用玻璃药瓶制作的。为了照明范围大一些，母亲用废木料制作了一个方底盘灯柱，然后再将煤油灯固定在灯柱上。

　　到了夜晚，我的家庭作业，母亲的针线活，以及剥白麻等农活，就会在微弱的煤油灯光下拉开序幕。彼时，我们的身影随着摇曳的灯光在"白头"刷就的土墙上晃来晃去，胖胖的，长长的，皮影一样，很滑稽。

　　屋里虽然昏暗，虽然没有红火的电视节目可欣赏，没有醉人的 CD（激光唱片）音乐陪伴，却也感到温馨、快乐。一种简单的没有太多欲望的幸福，就这样陪着我由幼年走向少年。

　　那时的夜生活极其简单，即使无事可做，也得宅在家里，少有人对黑咕隆咚的野外感兴趣。不像现在，棋牌室、游戏厅、KTV（唱吧）等，比比皆是，好玩好吃的地方多的是，无论去了哪里，都是灯火阑珊，亮如白昼，处处充满魔力，充满诱惑。

　　记得电线架到家乡，还没有走进乡村的那几年，每当夜色降临，我就会眺望北方，眺望那座离我们村只有十余里地的煤矿，眺望那片闪烁不停的灯火，对斑斓的灯光充满遐想，充满期待。

　　我小时候，母亲常在煤油灯下纳鞋底，就是人们说的那种千层底。她纳的鞋底，针线细细密密，工工整整，有如田地里的禾苗，株距、行距如同用尺子量了似的，几乎不差分毫，生机勃勃地"生长"在母亲的鞋底上。她是在纳鞋底，也是在纳生活！

煤油灯还为我们小孩子学习剪纸提供过帮助。事先，母亲用针线把剪纸模样缝在一沓裁好的麻纸上（真正做剪纸多用宣纸），再用煤油灯的黑烟熏剪纸模样，剪纸的式样就完美无缺地印在麻纸上。然后撕掉剪纸模样，用自行车辐条打磨成的刻刀，刻掉烟熏部分，剪纸坯子就做好了，再染上各色颜料，就能出售张贴。

生活中还有一种煤油灯，由底座、玻璃灯罩和带提环的灯头三部分构成，防风，携带方便，多用于室外活动。村里拥有的人寥寥无几，可能因其常随着马帮走南闯北，人们又称其为"马灯"。看过电影或样板戏《红灯记》的人都知道，铁梅与李玉和提的红灯就类似这种煤油灯。

家乡婚丧嫁娶有用灯照明的风俗，谓之"长命灯"。特别是出阁的女方，在出嫁的前夜就得在祖宗牌位前放灯，第二天再随着前来迎娶的新郎上路。而且到了男方家，也不能立即灭掉。因为马灯具有防风功能，所以乡亲们多用它做"长命灯"，以防娶亲途中被风吹灭。后来随着手电筒的出现和普及，煤油灯做"长命灯"的地位，渐渐被手电筒替代，并退出了历史舞台。

如今，煤油灯早已从人们的生活中消失，像吹过村庄的风，杳无踪迹。然而，我却不能将其忘记，毕竟它曾经点亮过父辈的岁月、父辈的生活，点亮了我的梦想、我的记忆……

打羊草

记得小时候,老家东崖头村几乎家家户户养羊,少则两三只,多则七八只,清一色的大尾绵羊。因而,到了冬季,村庄的上空便会羊肉飘香——来自四面八方、各个角落,而不只是张家的、赵家的,抑或刘家的、李家的,浓郁的美味随风弥漫开来,经久不散。虽然那时生活并不富裕,但这并不妨碍农家的日子有荤腥味,也不用担心自家的孩子因为没肉吃,而在别人家的孩子面前抬不起头来。你家炖羊骨了,我家炒羊杂了,他家煎羊肉了……每家每户隔三岔五都有羊肉吃,谁的嘴唇都油乎乎的,打的嗝也都带着膻味。

到了晚上,村庄拉上大幕的时候,绵羊轻柔的咀嚼声像是沙锤、古典吉他的深情演绎,汇成一支舒缓的小夜曲,温暖着乡亲们甜蜜的梦。偶尔,也会传来几声"咩——咩"的叫声,仿佛女高音友情客串,使得乡村的夜曲更加迷人动听。

那时养羊不像现在,各家养各家的,而是由一两个羊倌统一放牧。清晨,羊倌会到各家各户开门放羊,羊也会自动跑到村东的卧羊场集合;傍晚,羊倌赶着羊群进村,只走大街不入小巷,到了谁家的巷口前,谁家的羊就会自动离群回家。它们认得自己的家,记得回家的路。当然,也有个别羊成天迷迷糊糊的不识途,需要羊倌在它的家门前拨弄一番羊头,然后再朝着它家的方向甩几鞭子，助其回家。

一年四季，其实羊生活在村里不足三季。其余时间，也就是整个夏季加上春季一部分时间和秋季一部分时间，都生活在山上。那是羊们最幸福的日子。一望无际的青草，清新舒畅的空气，登顶览胜的激情，闲庭信步的自在，让它们仿佛置身仙境，忘了自己是羊。有的还会趁机谈情说爱，沟沟壑壑，随处可以藏身，不用担心被人看见，并在下山时带回一只小羊羔，给主人家一个意外的惊喜。

它们上山的时候，往往也是我们打羊草的日子。特别是到了暑假，大家就会三五相约，到河滩边、到水渠旁、到田埂上结伴割草去。起初，只是一根麻绳，一把镰刀，在离村近的地方割。到后来，近处的草打没了，路越走越远，草越背越重，只好换了独轮小推车，那样，既能多驮草，行路也不费力。有时也单独行动，一个人在空旷的田野里孤零零地割草，四周静悄悄的，听得见割草的"唰唰"声和心跳的"咚咚"声。心虚没有着落，心情同天气一样沉闷。有时，割着割着，突然从草丛中"扑棱棱"飞起一只鹌鹑，蓦地惊出一身冷汗，愣在那里好一阵子回不过神来。尤其是玉米到了齐腰高的时候，地里会莫名地响起类似牛叫的"哞哞"声，抬眼望去，什么也看不到，搅得人心烦意乱，害怕得很。尽管父母说那是"地气"，不用理会，但心里还是不踏实，割着割着就会不由自主地四处张望，胡乱猜想。

那时，村里还闹狼，时不时传出谁家的猪或者羊在夜晚被叼走或者咬死。我们担心割草时碰见狼，大人们更担心。但是我们始终没有遇到过，事实证明，狼不在万不得已的时候，是不会在白天出没的。大家倒是偶尔碰到蛇，张家的石头、赵家的拴柱都

碰到过。我算是幸运的，割了好几年并没遇见过。

毕竟是北方，遇到蛇的时候不多，纵然遇到，我们手中还有镰刀，可以与之进行搏斗，而被太阳暴晒则显得无能为力，即便拿着镰刀，也只能听之任之，眼睁睁地看着肩膀上、胳膊上的皮肤破布片似的，脱了一层又一层却又束手无策。如果说被暴晒是家常便饭的话，那么被雨淋就像加餐，会时不时地来上一顿。有时，好好的天，说变就变，来不及直起腰杆跑向附近的大树，忽然就电闪雷鸣，大雨倾盆，瞬间成了落汤鸡。倘若回去的路上再摔上几跤，就如同一头刚出臭水坑的泥猪，滑稽可笑，狼狈不堪。遭遇冰雹袭击也不稀罕。一次，我刚觉察到乌云聚集，天色有变，连忙把割好的草绑在独轮小车上往回赶，但终究没快过雨。刚到村口，豆大的雨点就夹杂着鸡蛋大的冰雹呼啸而至，等跑到就近人家的街门洞躲起来时，头已经被砸了好几下，并很快鼓起几个大包来。回家后，母亲垫了块毛巾，揉了好长时间才把那几个疙瘩揉散。

打草也有常识，不能见草就割。有的草羊喜欢，有的草羊闻都不闻。我们一般割"白草"，这种草在当地较为普遍，羊爱吃，也能晒出分量，不像稗子水分多，晒不出货。除了"闹羊草"不割外，还有两种草我们也不割，一种是"青稞子"，另一种是"臭黄蒿"。每当遇到一片鲜美茂盛的青草，我会立即弯腰挥镰猛割，"唰唰唰""唰唰唰"，头也不抬一下，唯恐别人一会儿赶过来抢了去，如羊一样的窃喜，好像在为自己准备美食，而不是为羊。

草打回去后，要及时摊开晾晒，否则容易泛黄，那样的话，羊就不爱吃了。越是日头毒辣或者有风，越要勤翻草。晒的时候，不要随意乱抖，要顺着码好，尽可能整齐地平铺开；用杈翻的时候，要一股一股地翻，不要将草翻乱了，这样，收藏的时候或者冬日用铡刀切草的时候就省劲多了。

当天气渐渐转凉，田鼠忙着往窝里偷玉米、豆子时，我们当年的打草劳动就算结束了。不是地里没草了，而是草老了、黄了，那样的草羊难以下咽。然后，我们把镰刀磨好、擦净，挂在厢房的窗棂上，开始掰着指头盘算着羊下山的日子，盘算着小雪节气杀羊的日子。

说来也怪，我家的羊每每傍晚归来，只要我在院里站着或者和弟弟玩耍，它们就会追过来舔我的手，和我亲近，而不理会弟弟。它们用这种独特的方式表达对我的感谢，好像知道一屋子干草是我打的似的。

不觉近四十年过去了，我早已不再打草，也极少接触青草，可是总觉得生活中飘着青草淡淡的清香，并时常想起那些打草的岁月。

也许，青草已经融入我的生活。也许，我的前世是一棵青草。

二 哥

村南的荒丘上,曾经有过一个小坟包,那里埋着一个年仅十二岁男孩。而今,荒丘已不再荒,被人深翻后种了粮食。当然,那个小坟包也就不复存在了。

因为那是个孩子的墓,没有子嗣前去拜祭,加之其父母又不太重视,所以,耕了也便耕了,何况是为了种庄稼,而农民是比较重视粮食的。

我与这个男孩感情不浅,因为他是我的二哥。依稀记得二哥很瘦,脸色蜡黄,一副弱不禁风的样子。唯有一双眼睛"扑闪、扑闪"的很传神。现在,还有人偶尔和我谈起他,说他的学习成绩如何棒,与小伙伴们关系如何好。我深知,他们同我一样,依然没有将他遗忘,虽然时光已过去了二十五年。诚然,这些人都是和他曾经非常要好的小学同学,他们仍在怀念着他——美好的人与美好的事物是一样的,一旦在人的心头扎了根,便会永世难忘。

二哥得的是一种"尿血"的病症。若换在这个科技日趋发展的时代,他绝不会那么轻易地将我们抛弃,而去另一个世界。要知道他还是个孩子!一个只有小学三年级水平,肩膀还很柔嫩,既谈不上有才气,又谈不上有力气的孩子呀!怎么能承受得了另一个世界的凄凉?

然而，那毕竟是一个穷苦的时代，当时的医学水平还不能将他挽留。因而，二哥终不能留在我们身边，"无可奈何花落去"。

记得那天晚上，我睡得正香甜之时，被母亲的哀号声和亲友们纷杂的脚步声惊醒。睁开惺忪的睡眼，我才意识到二哥已离我们远去，禁不住号啕大哭。但，并不觉得害怕，好像他刚刚睡着了似的。

由于家里很穷，买不起棺木，于是，父亲寻来几块纸箱板，简单地钉了口小棺材，草草地将二哥埋在了村南的荒丘上。

埋掉了二哥，父母亲也从此埋下了痛。无论春夏秋冬，无论严寒酷暑，"为伊消得人憔悴"……

放飞心灵的地方

"这是一片金黄,这是一片芳香,它的名字叫东方亮。这是一片辉煌,这是一片希望,这里的日子就像东方亮……"这首公益歌曲名叫《东方亮》,歌中唱到的"东方亮",便是家乡广灵小米的知名品牌。

广灵小米自古就作为贡米供应朝廷,到了现代,更是频频走进全国"两会",可谓名闻遐迩。家乡不仅有色泽金黄、绵糯香甜的小米,还有享誉世界的非物质文化遗产——广灵剪纸。家乡的剪纸,以刀刻为主,阴刻阳镂结合,艺术风格鲜明,想象力生动,表现力传神,用料与染色考究,在世界剪纸艺术长廊中独树一帜,被誉为"中华民间剪纸艺术一绝"。并远销美、英、德、法、日等二十多个国家和地区,深受青睐。

可是许多外地朋友,只知广灵小米好吃、广灵剪纸好看,却不知广灵在哪里。其实家乡很好找到,它就在人杰地灵、名震华夏的三晋北端,在物华天宝、历史悠久的"天下大同",坐落在气势恢宏、全球闻名的云冈石窟脚下,地处巍峨壮丽的太行北部、叠嶂拔峙的北岳恒山东襟,一条河流自西至东贯穿全境,滋润着两岸民众,也浸润着广灵文明。

河名壶流,绵亘蜿蜒,裹挟着春秋的泥沙、战国的尘埃,穿越魏晋的动荡、唐宋的繁华,浩浩汤汤,一路奔涌而至。仿佛一条银色的飘带，承载着历史的厚重，岁月的沧桑，让人足以感受到广灵的不同凡响和雄浑大气。

壶流河所到之处，草木葳蕤，牛羊肥壮，湖泊、水库星罗棋布，宛若一颗颗璀璨的明珠，熠熠生辉，将家乡装扮得靓丽多姿，光彩照人。其中，最为引人入胜的当属壶流河湿地。

这里有葱茏茂密的蒲草，袅袅婷婷，一望无际。

这里有清澈见底的河水，波光粼粼，川流不息。

这里有形色各异的飞禽，燕语莺声，婉转动听。

这里有玉洁冰清的荷花，风姿绰约，清香袭人。

是的，这就是广灵，不用南行，就能感受到"两个黄鹂鸣翠柳，一行白鹭上青天"的意境。

是的，这就是广灵，随便走走，就能领略到"落霞与孤鹜齐飞，秋水共长天一色"的美景。

如果是春天，还能欣赏到大天鹅优雅的身影。迁徙逗留的它们，或在碧波中嬉戏觅食，或在蓝天上盘旋翱翔，有如一阕美丽的诗行，温暖着游人的情怀，也温润着三月的小城。

倘若是夏季，定能享受到清风拂面的凉爽。那时，无论是在幽静的小路上徜徉，还是在高大的堤坝上静坐；无论是携子同行，还是与情人相拥，皆能体会到壶流河湿地的风雅别致和人文广灵的风韵迷人。假如散步途中，抑或归来，再品尝一碗冰凉可口的冰镇甜糊糊，或者吃上一碗色香俱佳的玉米面水饸饹、荞面凉饸饹，那才叫真正的惬意，给个神仙也不换。

特别是那如诗如画的全国重点文物保护单位水神堂，绝对会给你留下深刻的印象。诗是宋代李之仪那种的："我住长江头，君住长江尾。日日思君不见君，共饮长江水。"温婉恬静，细腻

深情,扣人心弦。画是明朝徐渭风格的,泼墨酣畅,迹简意远,超然象外。置身其中,或环顾壶泉,或坐听天籁,或烧香许愿,轻轻然,悄悄然,身心释然。

也许有人会问,这么多的小桥流水、绿树繁花,这么多的红墙黛瓦、亭台楼阁,风情万种,撩人心魄,难道不是江南?

的确,这里不是江南,但胜似江南!

这就是我的家乡——广灵,一个让人流连忘返的塞北水乡,一个可以放飞心灵的生态家园。

感 动

一

十几年前,我们去前线执行任务。红土地对我们这些来自北方的战士,毫不同情,炽热残酷地折磨着我们,似乎不让我们脱几层皮绝不罢休。殊不知这些艰难困苦反而成了磨砺我们的磐石,使本不脆弱的意志变得更为刚强,而且愈久弥坚。

当进入雨季时,战事由于天公的干预也逐渐少了下来。面对外面整日淅淅沥沥下个不停的绵绵细雨,无可奈何的战友们也只好蹲在洞里苦读"兵书"了。也就在那段时间,我患上了斜疝,虽无关痛痒,但若不及时治疗,也许会影响到以后的战斗行动。鉴于军医的建议,我住进了野战医院。

这是我生平第一次同医院打交道,一切都显得那么熟悉而又陌生。我特别钟爱医院里洁白的颜色,但那阵阵袭人的来苏水味颇让人有些招架不住。

小手术很成功。但手术后必须卧床休息几日,加之刀口上压着小沙袋,因此翻身相当困难。虽然时处雨季,可天气并没有因雨丝的荡涤而凉爽下来,酷热使得我汗流不止。

与我同病房的,还有一位兄弟部队的战士。在此之前,我们

谁也不认识谁,看到我在热汗中煎熬,他不由分说,拿起毛巾默默地帮我反复擦拭着全身……既没有征询我的意见,也没有要我承诺什么。当时,我的泪水不由自主地就涌了出来,想抑制住却没能成功,只好任其汹涌着流淌。在鼻子的酸涩中,我默默地享受着这位陌生战友的恩惠,享受着这份患难中的感动。

那时,一切感激的话语似乎都有些多余,一切繁复的客套都显得那么俗气。无须表白,他只是轻轻拍拍我的肩头,示意我保持镇静。而当时的我,早已被迷离的泪水围困,无法言语了。

三天里,他一直默默地为我忙碌着,尤其每晚,他定要为我洗脚,这让我很难为情。从我记事起,记得自己的亲人也从没为我洗过脚,而素昧平生的他却……好像那是他应尽的义务似的,既不嫌脏,也不嫌臭。我深知,这份勇敢不亚于舍身冲向敌群的那份勇敢。

事后,我才知道他叫安英,保定人。当时,我不知道怎么表达自己的感激之情才合适,让他吃战友们看望我时带来的各种罐头、水果、乳精等,他总是笑着摆摆手,说:"我也有,而且比你的多。"的确,他住院已有一段时间了,已经痊愈,快出院了。

我入院后的第四天,当难得的阳光透过厚厚的塑料窗射进病房时,医生说我可以下地进行适当的活动了。可是我的心情并没有因此好转起来,因为邻床的安英不见了。

护士告诉我,他又返回一线了。因为他的离开,我的心陡然变得空落落的。我还没来得及向他说一声谢谢,道一声珍重。为此,我深深地懊悔着。此生,我恐怕难以原谅自己了。

就这样,我和安英分别了,而且以后也没有通过信——我根本不知道他的具体地址,更别说见面了。而他留给我的感动,却时刻影响着我，教我如何做人。

我想，这一份感动，够我一辈子享用了。也许他也同我一样，早已回到了养育自己的家乡，并同我一样幸福地享受着和平带给人们的美好生活……也许，他早已将我遗忘，因为他做的好事太多了，而且从不往心里去，只知道一味地奉献……无论如何，我是忘不了他的，忘不了那个瘦高英武的陌生战友，永远！

二

有些人，常常令我们感动；
有些事，常常令我们感动；
有些话，常常令我们感动。

感动是人世间最真挚、最美好的情愫。感动无时不有，感动无时不在。懂得感动的人往往也懂得感恩，懂得感恩的人往往也懂得感怀。也许在夜深人静之时，也许在触景生情之时，也许在举步维艰之时，也许在万念俱灰之时……反复地琢磨，反复地品咂，像对待一件古董，有时与人生联系起来想，有时与世界联系起来想，有时与社会联系起来想，有时与家庭联系起来想，想着想着——再次感动。

感动人不难。做有益于人的事，说有益于人的话即可。这还不够，还要有一个前提，那就是在人最困难的时候，抑或最危险的时候，总之，是最需要帮助的时候，否则，只有感谢，没有感动。

感动一个人不难，感动众多的人不易。2008年4月广灵县开展"千人万户大调研"活动，党员干部全部从机关大院走进茅屋

田畴,放下架子,放平心态,变上访为下访,一切从发展的大局出发,一切从农民的利益出发,一切从群众的需要出发,一切从人民的意愿出发,真正了解老百姓的所思、所想、所盼,真正问计于民、问需于民,难能可贵。

更为可贵的是,"千人万户大调研"没有走形式,也没有走过场。不像流星,仅仅为了秀出那么一道光亮而已;也不像昙花,人们还未真切感受到那么一丝丝芳菲,已经凋零。"千人万户大调研"是实实在在地帮助老百姓解决问题,是不折不扣地帮助人民群众排除困难,是真诚帮扶,也是倾力帮扶,还是长久帮扶。

我感动。相信同我一样感动的还有全县的父老乡亲。

三

2014年11月2日上午,××资源投资有限公司邀请两位国际顶级专家到六棱山区域就滑雪休闲度假区建设项目进行规划设计前的实地考察。考察中,他们的敬业精神给随同考察的所有人员留下了特别深刻的印象。

这一天,尽管大家早有准备,人人都穿厚了衣服,但山上的寒冷还是出乎大家的预料——在朔风的劲吹下,有的满脸通红,有的双手深插在衣兜里不敢伸出……

大家沿着铺满枯草和积雪的山坡深一脚浅一脚地徒步前行,不时有人摔倒,不时有人崴脚。两位外国专家一边行走一边仔细观察,并不时拿出六棱山地形地貌图与实景作比对。其中有一位叫比亚特的瑞士籍专家,已经七十多岁了,是世界著名的高山滑雪场设计师。他手握DV（数码摄像机），一会儿快步翻越山头，一会儿深入山谷中的松林，一次又一次地从大家的视野消失，有时甚至长达半小时以上。县主要领导有些担心比亚特的安全——他毕竟已步入古稀之年。没想到随行的董事长，及此行的翻译梁立萍听后却笑了。她说："比亚特的身体棒着呢，远非四十岁的中年人可比，大家都亲切地称他'爬山虎'。"可不，正当大家为他的安全担心，并派工作人员去寻找他时，他却突然现身在几里外的山包上，带给我们一次又一次惊奇——这样的岁数居然能够像年轻人一样在荆棘丛生且没有道路的山上行走自如、健步如飞，无论是体质、体力，还是耐力，应当说无与伦比，着实为大家上了一课。

但是，比亚特带给大家的不仅仅有惊奇，更多的则是感动。当大家在山上艰难行走了三个半小时近十五公里路程，已经饥肠辘辘、疲惫不堪，准备回返时，比亚特则坚持要看完六棱山区域所有的点。他说，只有这样，才能做到心中有数。

他的这种一丝不苟的敬业精神，令人肃然起敬。我想，如果我们在工作中都能够如此敬业，那么就没有解决不了的问题，没有完成不了的任务，没有实现不了的目标，没有干不成的事业！

观 灯

灯会属于元宵节,有如星星属于苍穹。

灯会点亮佳节的同时,也温暖了人们的生活。就像星星点亮夜空的同时,也温暖了岁月。

观灯,是中华民族千百年来的一大习俗。到了元宵节,人们会不约而同地走上街头,走向灯会,从不同的乡村、不同的巷子、不同的家庭,流水一般涌来。有的甚至顾不上温酒、吃饭,只怕误了灯的千娇百媚,误了灯的温柔缠绵。

其时是个寒冷的季节。在我的记忆里,正月十五就没有暖和过,要么伴着扑腾扑腾的雪片子度过,要么伴着嗷嗷吼叫的西北风度过。每每那时,我就会陷入沉思,思索古人为什么非得把这么一个浪漫的节日放在料峭的严冬,而不是像端午节和中秋节那样,安排在惠风和畅、丹桂飘香的日子,随便一走就神清气爽,兴致盎然。

天气冷归冷,可是人们观灯的热情丝毫未减。多少年来,没有一年因为气温低,而将事先准备好的元宵节活动取消;也没有一年因为气温低,人们放弃了上街观灯。时间一到,无不在鞭炮声中穿行,在锣鼓声里徜徉,在一盏盏造型各异、五花八门的彩灯前流连,在一辆辆花团锦簇、流光溢彩的彩车前打转。除非大雪骤降,打乱了元宵节的节奏,打散了人们观灯的兴趣,否则,人们是不会轻易舍下那满街的繁华，离开那欢乐的海洋，而悄然返家的。

以前的灯笼古朴、笨拙，用料也简单，只有秸秆、竹篾和纸、蜡之类，不像现在的彩灯，动辄钢筋铁骨，动辄声光电气。那时的灯笼虽然易燃易坏，但是浸润着烟火的味道，粮食的味道，汗水的味道，透着生活气息，透着一份实实在在的亲切。

如今的花灯越做越俏丽，越做越高大，越做越精致。特别是高科技的应用，使得一个个花灯仿佛注入了灵魂，有了性格，有了禀赋，有了气色，有了故事。

记得我初次接触大型灯会是在北海公园。那一年，我探家路过首都，适逢北京调集全国各地的彩灯汇展，便停下匆匆脚步前往观灯。当时的感受足以用惊诧和震撼来形容。我没想到，花灯可以做得那么大，巨人似的，楼盘似的，清明上河图似的，一个场景接着一个场景，可以铺垫，可以连贯，可以一环紧扣一环，在北海的粼粼波光和巍巍白塔的衬托下，幻化成景，相映成趣，令人目不暇接，眼花缭乱。

听说大同的灯会办得不错，可惜我还未能一睹其盛，只从朋友圈见到过图片，有机会一定要去看一看。

又是一年元宵近，提及观灯，脑海中总会浮现出儿时观灯的情景：西瓜灯，红彤彤；白菜灯，绿茵茵……虽然简单，却也活灵活现；虽然单调，却也温暖了我的童年。

行走在时光里的乡韵

剪　纸

我的家乡在晋北,老屋大多没有玻璃,糊着窗户纸。加之灶台设在炕下,烧炕、做饭常用柴草,在经年累月的烟熏气打下,那些原本白刷刷的檩条、椽子和铺在上面的麻秆全部变得黢黑发亮,就连用白石灰刷就的墙体也成了灰白色,给人一种昏昏沉沉的感觉。就是在这种昏暗的环境里,却有让人眼睛为之一亮的东西,那就是贴在窗格上的窗花。或是"年年有余",或是"石榴并蒂",或是"孔雀开屏"……色彩艳丽,形象逼真,总能吸引人细细端详,让人浮想联翩。

窗花里的世界是丰富多彩的。它的春天总是草长莺飞、春光明媚,总是"绿杨烟外晓寒轻,红杏枝头春意闹",总是"人间四月芳菲尽,山寺桃花始盛开"。它的夏日不是花枝招展,就是山清水秀;不是"接天莲叶无穷碧,映日荷花别样红",就是"竹深树密虫鸣处,时有微凉不是风"。它的秋季要么天高云淡、五谷丰登,要么"秋风起兮白云飞,草木黄落兮雁南归",要么"浔阳江头夜送客,枫叶荻花秋瑟瑟"。它的冬天或者冰天雪地、银装素裹,或者"墙角数枝梅,凌寒独自开",或者"千山鸟飞绝,万径人踪灭"。

　　看窗花,不仅能看到四季更迭,岁月枯荣;看到鸡鸣狗跳,龙腾虎啸;看到葳蕤的草木,茂盛的庄稼;看到蝴蝶在枝头翻飞,蜜蜂在花丛流连;看到阳光利刃般穿透厚厚云层,刺破瓦垄;看到炊烟诗歌般袅袅升起,在村庄的上空慢慢飘散;还能看到先人从远古向我们款款走来,讲述着《诗经》,讲述着《楚辞》,讲述着《论语》,讲述着八仙过海的神话,讲述着唐僧取经的艰辛,讲述着愚公移山的壮举……如果是晚上,在摇曳的煤油灯光下欣赏窗花,朦朦胧胧,若隐若现,有种雾里看花的感觉,意境尤佳。

　　窗花能看,亦能听。透过窗花,雨打树叶的唰唰声,雪落旷野的簌簌声,鸟雀欢聚的啁啾声,骏马奔腾的嘶鸣声,丝竹吹奏的悠扬声,锣鼓表演的铿锵声,孩子玩耍的欢笑声,学子读书的朗诵声……不时传入耳际,那么温婉,那么动听,那么扣人心弦。

　　窗花能听,更能闻。从天姿国色的牡丹到清心寡欲的兰花,从密密匝匝的芍药到漫山遍野的打碗花,从让人迷醉的桃花到名不见经传的狗尾巴花……或芬芳馥郁,或暗香盈袖,或清香阵阵,无不香气扑鼻,沁人心脾。

　　窗花如文章:有的像小说,情节曲折,引人入胜;有的像散文,语言优美,震撼人心;有的像诗歌,字字珠玑,光彩夺目。然而,不是每个人都能够读懂其中的深意,不是每个人都能够了解作者的内心世界,也不是每个人都能够领略作品的风韵和内涵。

　　窗花又似茶水:有的若绿茶,清香明亮,入口轻灵,回味无

穷；有的若红茶，鲜活油润，香气袅袅，挥之不去；有的若乌龙茶，醇厚甘香，一盏接一盏，欲罢不能。于我而言，是茶就好，无论新陈，无论种类，皆能喝出香甜，喝出情致。

自古至今，逢年过节或者新婚喜庆，家乡都有贴窗花的习俗。尽管以前生活困苦，入不敷出，一分钱恨不得掰成两半儿花，可是乡亲们从不吝惜买窗花。到了中秋节、春节前夕，定然会赶上几趟大集，挑选几幅满意的窗花。倘若遇见中意的窗花比较多，也不会瞻前顾后，定会慨然出手买下。哪怕这次贴不完也无所谓，收起来留到下次糊窗户时再用。

我家有本发黄的线装书，母亲专门用其保存窗花。用书保存窗花特别好，不但易于收藏，便于找寻，还不容易褪色。可是到了二十世纪八十年代中期，这本书竟然不翼而飞。也难怪，这年月线装书愈来愈吃香，不丢才怪。线装书没了以后，母亲改用《青春之歌》收藏窗花。虽然这本小说的纸张没有线装书的柔软，也没有线装书的熨帖，但保存窗花的作用与线装书无异，过些时日，甚至过个一二年，取出来一看，窗花还是那么鲜亮。

小时候，我学过刻窗花，低头弯腰，又目不转睛，时间久了，颇为辛苦。稍不留神，还容易扎破手指。每每那时，点点鲜血也不会白流，我会把它及时涂抹到"花朵"上，为其增色。当时由于家里穷，根本买不起颜料，窗花即使刻好了，也是一副苍白的面孔，不忍卒视。后来，我别出心裁，试着用墨水为自己刻的剪纸着色，竟然收到非同寻常的艺术效果。现在想想，当年用墨水点染剪纸，有点儿少数民族蜡染的况味，不失为一种创意。

窗花，就是剪纸的俗称。

据记载，早在未出现纸时就已经有了剪纸，无非原料不是纸，而是金箔、皮革、绢帛，甚至树叶。《史记》中的剪桐封虞，记述了西周初期周成王用梧桐叶剪成"圭"赐其弟弟叔虞，并封他为唐王的故事，这个"圭"就是剪纸。这些年出土的战国时期的皮革镂花、银箔镂空刻花，都是最早的剪纸。

唐代诗人李商隐在《人日即事》中就写到了古代农历正月初七剪纸成人形的风俗：

文王喻复今朝是，子晋吹笙此日同。
舜格有苗旬太远，周称流火月难穷。
镂金作胜传荆俗，翦彩为人起晋风。
独想道衡诗思苦，离家恨得二年中。

剪纸在唐诗中常常见到。杜甫的《彭衙行》一诗中有"暖汤濯我足，翦纸招我魂"的句子，说明剪纸招魂的风俗当时就已流传民间。李远在《立春日》中写道："钗斜穿彩燕，罗薄剪春虫。"崔道融所留传的诗中，有这样的词句："欲剪宜春字，春寒入剪刀。"他们所讲的"春虫""宜春字"，都是大家所熟悉的剪纸。

宋人周密《武林旧事》记载，当时的杭州就有专门从事剪"诸家书字""诸色花样"的"小经济"。可见，剪纸手工艺术在宋代就形成了职业。到了明清时期，民间剪纸艺术日臻完善，逐渐走向成熟，达到鼎盛，并将其运用到灯彩上、扇面上、刺绣上，以及家居装饰和美化环境等方面。

上述言及的剪纸，我想大抵是单色剪纸，是将纸张折叠，用剪刀剪裁的那种。家乡的剪纸是染色剪纸，以刀刻为主，阴刻阳镂结合，是"神刀雕得风雷动，妙笔点出彩云飞"的那种。因其艺术风格鲜明，想象力生动，表现力传神，用料与染色考究，在

世界剪纸艺术长廊中独树一帜,被誉为"中华民间剪纸艺术一绝"。并于2009年,作为中国剪纸的部分申报项目,被联合国教科文组织列入《人类非物质文化遗产代表作名录》。

家乡的剪纸风俗,历史悠久,源远流长。可是半个世纪前,却很不景气——从事剪纸艺术的民间艺人仅有张民锦、张仲晨兄弟和王珍贵他们几个,在农闲时或者年节前在自家设计制作剪纸,可谓凤毛麟角。直到十几年前,随着当地政府的重视和剪纸传承人的不断增多,剪纸艺术才日渐兴盛起来。剪纸作品也开始由单纯的民间用品,向工艺美术品、旅游纪念品、台历、挂历、贺年卡等具有特色的集观赏与收藏应用于一体的艺术珍品和馈赠珍品过渡、发展。

如今,随着剪纸品种的推陈出新和剪纸内容的进一步丰富,以及绘画装裱制作工艺的应用,剪纸不再只作为"窗花"使用,已经像画作等艺术珍品一样,走出家乡,走向世界,或被收藏,或馈赠国际友人,或悬挂于厅堂、会议室,成为人们的新宠。特别是近年来推出的多层剪纸,立体感强,神形兼备,永不褪色,尤其值得品味。

品味剪纸,既是在品味风俗,也是在品味风情;既是在品味文化,也是在品味历史。但更多的是在品味生活,品味风致。

秧　歌

作为山西人,最熟悉的戏剧自然是晋剧,接触最早的戏剧也是晋剧。后来直接接触的戏剧除了二人台,就是家乡的广灵秧歌。通过荧屏间接接触的戏剧有京剧、越剧、豫剧、评剧等。不管哪种戏剧，我都不感兴趣。我不喜欢那种慢条斯理的表演风格，也不喜欢演员咿咿呀呀的唱腔，唱大半天，也听不清几句唱词，颇让人烦。

同龄人中，爱戏的极少，但也不是没有。我有位同学爱听京剧，他车上的CD、DVD全是京剧，或是全本，或是片段，一上车就听，并跟着小声唱。有几次，我们劝他关了，他就说："挺好听的呀，你听这《四郎探母》多好，还有那个《锁麟囊》味也不错，慢慢听就听进去了。"

老一辈的人大多喜欢戏曲，这和他们的成长岁月有关。那时没有电影，没有电视，没有歌舞，更没有光盘，唯一的娱乐形式就是唱戏、听戏，自小耳濡目染，似乎没有不喜欢的道理。因此，几乎每个村子都建有戏台。

母亲爱听晋剧，但凡村里正月唱大戏，必会早早做饭吃了，拿着板凳去戏台跟前占位子，哪管天寒地冻，西北风小刀子似的割得脸生疼。做饭或者干农活的时候，也不忘学着哼上几句《打金枝》："在宫院我领了万岁的旨意，上前去劝一劝驸马爱婿……"或者是《辕门斩子》："并非是娘走情儿不瞅睬，怕只怕宋王爷怪下罪来……"

父亲也爱晋剧，但更痴迷广灵秧歌。二十世纪七十年代，村里有秧歌班，排练场所就设在当时的大队部。有事没事的时候，他都爱往大队部跑，泡在那里，有时很晚了也不回家，在微弱的煤油灯光下，同几个爱好秧歌的社员一起，一字一句地反复练习唱腔，或者练习手势、动作。为此，母亲和父亲没少吵架。听老人们讲，父亲曾登台演出，在村子的戏台上，穿着华丽的戏服，煞有介事地唱广灵秧歌，谈不上字正腔圆，却也有板有眼，不出

差错。

广灵秧歌,又名优歌,起源于明末清初,成熟于道光、咸丰年间,兴盛于清朝末年。它不是陕北秧歌、东北秧歌之类的舞蹈表演,而是流行于家乡一带的地方小戏。是在北路梆子的基础上,结合民歌、小曲、民间舞蹈等艺术形式逐步形成的,音乐优美奔放,唱腔高亢激越,板式丰富多变,表演朴实风趣,乡土气息浓郁,是家乡及周边地区百姓喜闻乐见的剧种之一。清朝乾隆十九年撰写的《广灵县志》就记载了广灵秧歌的演出:"春场在先农坛。是日,设春筵用优歌。"

记得小时候,老家东崖头村每年都要唱几场广灵秧歌,特别是临近观音菩萨生日那几天,村里会邀请秧歌班前来唱戏助兴。或者请村里的鼓匠班粉墨登场,自娱自乐。每每那时,女人们会热情地邀请娘家人来家住上几日,说说贴心话,看看秧歌演出;男人们则会趁机喊上外村的亲朋好友来喝酒叙旧。

生活自不必说,家庭主妇们会尽其所能,变着花样把平平常常的农家饭做出新意,做出美味,更做出心意。就连极少吃到的肉片,也会出现在热气腾腾的大烩菜中,让人真真切切地感受到主人的热情好客和诚心诚意。

那几天的下午和晚上,老家的上空锣鼓铿锵,唱腔悠扬,观音庙前简直成了欢乐的海洋。站着的,坐着的,翘首观看的,小声跟唱的,哈哈大笑的,哭天抹泪的……形态各异,无不沉浸在戏曲跌宕起伏的剧情中,不能自已。

就连卖小货的、卖山货的也"嗅"着丝竹的声音接踵而至,在戏场周围摆摊设点,或卖瓜子、麻子,或卖香烟、汽水,或卖玩具、针线……吆喝声此起彼伏,赶集一般,却也破坏不了人们看戏的兴致。

孩子们不懂戏，也不爱看戏，却非常喜欢唱戏的热闹氛围。不是在人群中追逐打闹，就是三个一群、五个一伙，围在一起玩"点酒窝"。抑或和家长要上一毛钱，你买一把瓜子，我买一把麻子，你尝尝我的，我尝尝你的，其乐融融。

隐约记得那时常演的广灵秧歌是《上坟》和《杀鞋》。由于不上心，现在已记不起一丁点儿剧情。但是对于我的邻居荣西表演的一出秧歌戏却印象深刻。至今仍记得他装扮着花脸，背着一个竹篓，在戏台上一边前仰后合地走路，一边嬉皮笑脸地调戏一个小姑娘的情景。至于什么剧目，也忘得一干二净了。荣西是村里鼓匠班的成员，吹拉弹唱都会，表演细致入微，可惜刚过四十岁就因病去世了。

据了解，以前家乡有十三个业余秧歌剧团，仅抄录剧本就达六十七个，有家庭生活剧、自由恋爱剧、丈夫休妻剧、崇尚孝道剧、神怪剧、贞妇烈女剧、公案剧、历史剧等八类，几乎涵盖了生活中的方方面面。并且经常应邀赴河北省的涞源、蔚县、易县和本市的灵丘、浑源、阳高一带演出，每年演出两百多场，可谓广灵秧歌的"春天"。

到了二十世纪八十年代，随着流行歌舞的出现和盛行，以及一些秧歌老艺人的相继谢世，广灵秧歌辉煌不再，家乡已很难看到广灵秧歌的演出。尽管后来当地建立了正式的广灵秧歌剧团，并成立了广灵县秧歌剧种传习中心，致力挽救、传承、保护这一地方剧种，但收效甚微。直到2009年广灵秧歌被列入山西省非物质文化遗产项目后，在几个民间秧歌艺人的艰苦努力和积极组织下，广灵秧歌才重现舞台。

我虽然不喜欢戏剧,但是看到广灵秧歌的传承和发展不甚景气,却也忧心忡忡,除了茫然无措,还是茫然无措。

广灵大号

战友的父亲过世了,按照习俗,他请了阴阳先生,也请了鼓匠班。"送路"的那天晚上,我们几个骑着自行车去帮忙,距离他所在的村子还很远,就听到了大号的吼声。听得出,两个大号你一声我一声地相互应和吹奏着,或悠长,或短促,或仰天长啸,或低头沉吟,浑厚有力,声振屋瓦。

广灵大号,其形如钟,余音袅袅,韵味十足,是大同市非物质文化遗产项目。相传大号为明末清初有名的大臣魏象枢所制。明崇祯年间,蔚县名人魏象枢与广灵人易向南同朝为官且相互交好,后来满清入关,魏象枢做了清朝官员,易向南隐退回乡。易向南的夫人故去时,家贫无力操办丧事,恰逢魏象枢回乡,看到故友的窘迫之状,便依照当时宫廷上朝所用礼仪朝号的形制特点制成了与之相似的大号,并动用多名下人组成仪仗队送别故人之妻。后来大号便成了广灵、蔚县独特的民间祭祀乐器。

我认为,大号的得名是相对于小号而言的。大号吹起来颇费力气,它既没有小号的音色,也没有小号的表现力,更不能像小号一样能够演奏出优美动人的旋律,只能发出一上一下两个单音,并且不能吹奏曲牌,从这一点看,实在有负乐器的声名。

我非常喜欢小号。小号的声音嘹亮锐利,清脆高亢,极富辉煌感。不仅可以演奏振奋人心的旋律,而且能够演奏抒情的优美乐章,张力十足。尽管家中的 CD 机早已送人,已极少躺在沙发上煞有介事地听曲，但至今仍保存着几张小号曲光碟。并且，一闭眼，《魂断蓝桥》《小号手之歌》《小雨中的回忆》《映山红》等柔美细腻、悦耳动听的小号曲就会在耳际响起。

从音色上讲，大号甚至还不如一片树叶。树叶尚且能够在许多少数民族人民的嘴下吹奏出如《情深谊长》《女儿情》等清脆明亮、婉转悠扬的乐曲，而它却不能，只能发出"呼哈、呼哈"的声音，单调且乏味。

一度，我甚至怀疑，大号究竟算不算乐器。

大号很大，也很重。传统的大号是铜质的，重约四公斤，平时号管套在号颈内，演奏时将号管拉到号颈处，号长近两米。或许是因为太重、难以托举的原因吧，这种铜号现在已很少见到或不为所用了，取而代之的是铁皮制品，号重不足一公斤。至于音色是否后者不如前者，由于没有做过专门的比较，不得而知。

老家东崖头村有两个鼓匠班，其中一个班子全由家人组成，或是父子，或是兄弟，而吹大号的往往是身强力壮的那几个。其中，也有我的同龄人，因此对于大号，自幼我便熟悉。村里办白事的时候，有时也会趁机接过大号，鼓起腮帮子试着吹几下，却吹不响，只能发出"噗、噗"的声音。并且吹完之后，嘴唇颇为不适。甚至，次日会肿胀起来。如此看来，尽管吹大号没有多少技巧可言，但是气力不够也不行。

在部队的时候，我在工兵营的管乐队吹过一阵子长号，感觉要比吹大号轻松得多。那时，每天一起床，我们十几个乐队的战友不许撒尿，然后列队向五六里外的山上跑去，到达山顶后，稍事休息，便开始练号，直到"把一泡尿全部吹完"才能回营。回头想想，不只是吹奏乐器，做任何事情，不但需要技巧，而且需

要功夫。

大号是鼓匠班的主要乐器，但它发挥的作用远不及唢呐和笙。在祭祀及白事活动中，唢呐和笙是主角，曲子吹了一曲又一曲，从不间断，并且贯穿始终。而大号则不然，只是在祭祀开场前象征性地"呼哈"几声就没事了，剩下的就交给唢呐、笙、鼓、铙等乐器了。如此，看起来大号倒像一个领导在做简短的动员讲话，神气十足又富有成效。

要说大号在白事中起到的重要作用，当属"送路"和出殡的途中。两个大号在前边开道，吹奏声此起彼伏，自始至终，不是一般人能够做到的。特别是"送路"的时候，经常会遇到喜爱热闹的人或不怀好意者拦路，要求做花式表演，他们也只能顺其所愿。这时，但见两个大号手相向而立，一边吹奏，一边在空中舞动大号，一边变换方向。或是绕圈，或是上下左右摆动，时急时缓，看得人眼花缭乱，惊心动魄。有时，还要再背对背站立，做同样的表演。一番或几番下来，无不满头大汗，精疲力竭。

几年前，不知是哪位人士别出心裁，将大号编成方队列入家乡的元宵节街头文艺表演。五六十人穿着同样的衣服，裹着同样的头巾，做着同样的动作，所经之处，号声响彻云霄，振聋发聩，蔚为壮观，成为社火表演的一道亮丽的风景线。

自此，广灵大号又有了新用途，不只在祭祀场所露脸，在节庆活动中，也能看到它高大的身影了。

怀念母亲

　　母亲居住的小院虽破落不堪,却充满生机——一畦畦蔓菁、大葱、辣椒、土豆……长得郁郁葱葱、鲜翠欲滴。它们是母亲的作品,是母亲在有限的空间里亲手完成的杰作,是母亲勤劳的有力佐证。

　　记得母亲八十岁时,仍不服老。只要能走动,她就不会躺在炕上享清闲。也正因了她老人家的辛勤劳作,每年到了秋季腌菜的时候,我们基本上用不着起早去菜市场挑选蔓菁之类的腌菜去。她会在合适的时候将菜砍割并收拾利落了,通知我们去取。

　　母亲年轻时便整日跟随生产队在农田里劳作。特别是"大跃进"时期,她用小篓背的土和男人一样多,扛的粮食口袋和男人一样多,出的工也和男人一样多。母亲的勤劳肯干即使在那个特殊的年代,同样得到了上级的肯定和表彰。她每年都会出席几次劳模会、拿几张奖状回来。每次回家,她都会眉飞色舞地向孩子们描述劳模会的盛况,以及他们所受到的礼遇。同时,会不无遗憾地对我们说:"那馒头就像小枕头,可惜不让带,否则拿回一个,足够你们美美地吃上一顿。"

　　母亲年轻时的超负荷劳动,使她不能幸免于疾病。她因此患上的疾病在老年日益凸显开来,并深受其害。开始只是哮喘,吃几粒"喘定"之类的药片就没事了。渐渐地,医生说母亲的病已发展为肺心病。肺心病怕感冒、怕过冬,好在现在医疗技术提高

了，只要入冬前给母亲打上一针抗感冒疫苗，防止冬季感冒，或者发病时打几天点滴，母亲就平安无事了。

前几年的一天，母亲说眼睛看不清楚东西了。我估摸着她是得了白内障，便陪她看了医生。果不其然，母亲的眼疾是白内障。之后，我联系医院为母亲的一只眼动了手术。手术非常成功，母亲又能看清她钟爱的电视节目了。邻居们说："看来老婆（指我母亲）还能多活几年。"母亲也很自信，安排我大哥在春末夏初之际为土坯房铺了瓦，每天乐呵呵的，心态很好。看到她老人家快活，我们做儿子的从心里高兴。

岂料到了那年八月份，母亲打电话说她有些上火，让我给她买点儿下火药。我听后，有些不放心，赶忙赶回村里看望。但见母亲坐在街头，嘴唇暗紫，气喘吁吁，绝非上火那么简单，我连忙拉着母亲去了医院。医生告诉我，母亲的病是肺性脑病，是肺心病的最严重程度。按照医嘱，我租了氧气罐，一边为母亲输液，一边为母亲输氧。二十多天后，母亲的神色终于回转过来，我们悬着的心也跟着放了下来。

九月的一天傍晚，大哥猝死在下班途中，母亲得知消息后大哭一场。我担心母亲这次吃不消，亲戚们也有些担心，纷纷前来看望、开导。料理完大哥的后事后，我们见母亲的神情平静，饮食正常，就忙着上班去了，留下孑然一身的四弟照顾母亲。

不料十余天后的早晨，我突然接到四弟的电话，说母亲没有起炕，已不会说话、分辨不清人了，情况十分严重。我连忙接上医生赶回村里。医生一番检查诊断后，仅给开了一天的药就走了。我们帮助母亲穿好衣服后连忙为她打点滴。我们一次次喂母亲水喝，然而她却吸不来、咽不来。十多个小时过去了，我在发现母亲的症状有所好转的同时，还发现她右半身已不能动弹、不会张嘴、不会说话了。据此，我判断母亲的病症绝非肺性脑病所致，有可能是中风所致。在电话里咨询医生后，第二天我们带母亲去医院做了CT检查。CT片出来后，医生说我母亲是轻度脑梗，如果情况好的话，输十几天液就能打通脑血管。

  此后的几天里，母亲每天都要打点滴十五个小时左右。长时间的坐姿加上不能动弹，母亲很快有了褥疮。我们在频繁为母亲更换成人尿不湿的时候，还得为母亲涂抹"百多邦"。但想到母亲十天半月后就能打通脑血管，或开口说话，或能动弹，我们能够继续尽孝，信心陡增。

  母亲的病症明显趋好，但是我和四弟依然和衣为母亲值守，不敢有丝毫的大意。岂料到了第八天凌晨，母亲忽然只呼不吸了，我们赶紧为母亲做救护，一番折腾后，她的呼吸才渐渐恢复了正常。可是不大一会儿，她还是彻底停止了呼吸，任凭我们怎么呼喊都无动于衷……

  母亲就这样走了，带着留恋。她是多么想生活在这个越来越好的世界上啊！记得那天我们带她到医院做完CT拿了药准备回家时，她握住车门把手，怎么也不想上车。她一定以为我们几个不管她了。后来我们解释说已开好药，是回家输液而不是不管她时，她才配合上了车。

  母亲就这样走了，带着遗憾。她一定还有很多话想对我们说，可是在她生命的最后几天，老天爷却不让她说了，哪怕一句。这对她实在是有些不公！

  母亲的一生是平凡的一生，也是辛劳的一生。在我的记忆中，母亲一直是忙完地里忙家里，愁完衣食愁温暖，怎一个"忙"字了得？

  怀念母亲！

鸡 殇

妻不顾我的强烈反对，毅然决然地买回三只毛茸茸的肉小鸡。她一脸灿烂的笑容，一会儿抚摸它们柔软的羽毛，一会儿拨弄它们蜡黄的小嘴，满心喜悦，忙得不亦乐乎，对我的"横眉冷对"，根本不屑一顾。女儿尤为高兴，拍着小手追逐着小鸡们欢呼雀跃……那一阵子，我们的院落简直成了她们的乐园，"叽叽叽""嘻嘻嘻"，银铃般，摇来晃去，撞击着你的心。而我，仿佛一个异客，存在着，但很不自在。我甚至嫉妒起那几只肉小鸡来。

其实，我非常爱吃鸡肉，乃至现在谈起都涎不自禁，满口香甜。之所以反对妻喂养它们，一是讨厌鸡的不卫生——它们随处拉屎，且不分场合，不管你是红男在场，还是绿女观望，只要想拉，便会随心所欲地排泄，只求自己痛快，而不考虑其他；二是反感它们长大后的傲慢——高昂着头，腆着胸脯，迈着方步，威风凛凛地招摇过市，一副盛气凌人的派头；三是不想看它们的下场。鸡，毕竟终将成为人们餐桌上的一道美味。无论它长得如何光彩夺目、艳丽照人，怎么天庭饱满、地阁方圆，终究是免不了挨一刀的。

我这人心软，看不惯杀戮，尤其是血腥的场面。甭说瞧了，想想都闹心。而自家喂养的鸡，自己不动手，找谁去？即使找到代劳的人，自己也脱不了干系，也得在旁边帮忙——做帮凶。

妻听而不闻，对鸡的服侍殷勤周到，呵护有加。鸡们倒也给她争气，一天一个变化，只短短两个月时间，就出落得"鸡模鸡样"了。其丰满雍容状，不次于唐代的杨玉环。如此，妻似乎有了炫耀的资本，成天在我的耳旁唠叨她的鸡。什么鸡也通人性啦，只要你常喂它，它见了你就会"咕咕"鸣叫，甚至还会追随着你撒欢；什么支出与收入成正比啦，没有付出，何谈收益啦；等等。每每那时，我只有沉默的份儿，因为她说的是事实，不无道理。

很快，小雪到了。对于农村来说，这一节气的来临，便意味着可以"磨刀霍霍向猪羊"了。当然，鸡们也难逃此一劫。

那天，妻早早地烧开了一锅水，以备煺毛用。我也找了个朋友做"刽子手"。可我的女儿不同意，抱着一只鸡痛哭不止，直到妻答应给她买一串香蕉时，才不再坚持。

第一只鸡被割断喉管后丢在了一旁，然而它并没有马上倒在血泊中，而是扑腾着翅膀又顽强地站立起来，长伸着血脖子，想叫又叫不出声来，瞪着愤怒的双眼，惊恐地注视着周围……很悲惨。那一刻，我的心里特别不是滋味，虽然我厌烦过它们，也没有给过它们关爱，但我很悲哀，为它们，也为自己。不由得，心头滚过《伤心是一种说不出的痛》的沉重旋律。我发现，妻的神情，也是一脸的凄苦、懊悔与无奈。

我不忍心再看剩下的两只鸡像前一只那样，死得痛苦不堪，连忙对执刀的朋友说："下刀时，利索些。最好在它们还没明白发生了什么时，就去地府报道。"果然，后两只鸡死得痛快多了。

之后，我开始拔毛、开膛。妻则坐在一旁，默默地看着我忙

活。有时，我喊她舀瓢水，她竟呆呆地没有反应，我喊她第二声时，才会猛然惊醒——也许，她在想那几只鸡？也许她正在试图理解这残酷的现实，理解人的愿望的矛盾所在吧？

终于，鸡们经我的手，变得"白白净净"的了。就在我如释重负准备休息时，听到妻小声说："以后咱们再也不养鸡了！"

家乡的味道

小 米

在布谷的声声啼鸣中，谷雨到了，立夏也很快到了，天气越来越暖和，到处是草长莺飞的景象。

此时的玉米长高了许多，绿油油的，看上去身板结实多了。而谷子还是一副纤弱的样子，在微风的吹拂下，身不由己地摆动着，摆动着，把倾泻在叶子上的阳光摇晃得支离破碎，不是跌倒在土黄的地垄，就是翻飞在湿润的空气中，亮晶晶一片，一不留神就被闪着了双眼。

年幼的时候，每到这一时节，我就跟随着父母下田薅谷苗了。他们大人一次四垄，我两垄。开始的时候，是蹲着间苗（又称疏苗），可是过不了半个时辰，就变成跪姿了。尽管父母一再叮嘱、示范，要求拔掉小的、留下大的，并保持一定的株距，但还是会不小心把大些的谷苗拔了。有时拔得多了，怕父母看见遭训斥，就会偷偷地把那些拔掉的谷苗重新栽上。其实心里清楚得很，它们是活不了的。甚至，活不过中午抑或晚上。

往往还不到中午散工的时候，我早已腰酸背痛、大汗淋漓，恨不得马上跑到离地头不远的白杨树下，四仰八叉地躺倒在那片

绿荫下，惬意地享受那份难得的清凉。然而，通常情况下，父母是不会让我早早离开的。只有他们快到地头的时候，才会站起来，伸伸懒腰，仰起头，眯着眼睛瞅瞅高悬的日头，然后说："三子，你先回吧，回去稍歇歇就做饭，我和你爹再间一会儿。"

由于家里没有姐妹，农忙时，父母经常让我做饭。因此，自小我就学会了做各种家常便饭，后来练就的让人啧啧称赞的厨艺，恐怕和小时候常围着锅台转，继而对其产生浓厚的兴趣是分不开的。

到了秋季，谷子已有一米多高，谷穗沉甸甸的、粗粗的、弯弯的，像镰刀、像弦月，更像《汾河流水哗啦啦》里唱到的"黄澄澄的谷穗好像是狼尾巴"。这时的微风已吹不动金黄的谷穗，吹不动灿烂的阳光，也吹不动人们缠绵的思绪。或许，只能吹动细小的露珠，蟋蟀断断续续地鸣叫，以及那斑斑驳驳的月影。

以前，收割谷子是先用镰刀割倒，然后捆扎好再用马车拉回打谷场掐谷穗。现在则不然，是在田地里直接用剪刀剪谷穗，然后装入事先准备好的编织袋里，再用三轮车或者小四轮拖拉机运回。这样做的好处是，不损失谷子。至于秸秆，得等到谷子入仓入瓮后才会腾出手去收割。

割就的谷穗不能现碾，需要翻晒几天，等基本上干了再碾，否则谷粒不易脱落。从前，碾谷子多用骡马拉着碌碡进行，当然也有用牛拉的，行是行，就是太慢，不出活。现在，大多数人家用三轮、四轮车直接碾压，也有拉碌碡的，只是少之又少。不过，用骡马碾场并未完全消失，饲养大牲畜的农家，是不会放弃这些"力量"的。

谷子碾好后，还需要晾晒些时日，直到完全干了，再用扇车扇掉谷粒中的糠秕，才可储藏，以防发霉。这时，乡亲们才会松一口气，不再关注昨日那些叽叽喳喳抢食的麻雀，也不再关心今天的风有多大，是否会刮跑谷子，从而有空闲把目光投向湛蓝的天空，蓝宝石一样的天空；有兴趣欣赏悠然飘零的落叶，枯黄的落叶。或者，聚在一起，讨论一下各自的收成和明年的打算；或者，凑到一块，打打麻将和扑克；或者，相互邀约，喝二两浓烈的烧酒和酽酽的花茶，不问夜的黑，也不理晨的白。

到我参军入伍那会儿，由于产量低，加之费时费力，老家东崖头村已很少种植谷子了，取而代之的是成片成片的玉米，一望无际。但是家乡的其他地方还种。特别是进入新世纪后，随着免间苗技术的应用和售价的进一步提高，谷子种植再次风生水起。因此，一般情况下，乡亲们的早餐依旧缺不了养人养胃的小米。

《诗经·小雅·黄鸟》就有关于谷子的记载："黄鸟黄鸟，无集于榖，无啄我粟。此邦之人，不我肯榖。言旋言归，复我邦族。"意思是：黄鸟黄鸟你听着，不要聚在榖树上，别把我的粟啄光。住在这个乡的人，如今拒绝把我养。常常思念回家去，回到亲爱的故乡。诗中的"粟"，便是谷子（去皮后称小米）。

《诗经》中还有一首诗提及谷子："禾易长田，终善其有。"（《小雅·甫田》）禾，即今之小米。

由此可见，谷子在我国的种植历史可谓久矣。据史书记载，粟为梁的变种。梁属于禾本科黍亚科狗尾草属植物。品种有大白谷、大黄谷、小春谷等，根据其生长期的长短可以分为早熟、中熟和晚熟品种，有耐旱的、耐涝的，也有较耐碱的。在我的家乡，谷子的品种有东方亮、大白谷、九根齐、8311等。其中大白谷适合熬粥，8311适合做饭。

破衣悬软毛，短发被秋风。汶水长鱼白，滕州小米红。

人情今日异，客路去年同。万里关山外，孤鸿缥缈中。

这是元朝著名画家、诗人、篆刻家王冕的《客思》。他似乎对小米情有独钟，曾在多首诗中言及小米："小米无得买，浊醪无得酤。"（《冀州道中》）"行路望云情更切，不因小米故多添。"（《题米元晖画》）但是，被千古传诵、脍炙人口、妇孺皆知的，当属唐代诗人李绅的两首《悯农》：

一

锄禾日当午，汗滴禾下土。
谁知盘中餐，粒粒皆辛苦。

二

春种一粒粟，秋收万颗子。
四海无闲田，农夫犹饿死。

诗中的"禾""粟"指的就是谷子。

《本草纲目》说，小米"治反胃热痢，煮粥食益丹田、补虚损、开肠胃"。《神农本草经》记载：小米具有养肾气，除胃热，止消渴（糖尿病），利小便等功效。《黄帝内经》中记载："五谷为养、五畜为益、五菜为充、五果为助。"把谷类放在第一位置，说明其营养是我们人类膳食生活中最基本的营养需要。

由此可见，小米的食用价值和药用价值是一般粮食无可比拟的。而家乡的小米更胜一筹。它们色泽金黄，颗粒饱满，糯糯的、甜甜的，口感极佳，自古便作为贡米供应朝廷。前些年，更是频频走进全国"两会"，以及党的十七大、北京奥运会，名闻遐迩。正所谓任何作物都有其地域特色和自身优势。

因其还有着滋阴养血的作用，家乡产妇坐月子的主要食物便是小米粥。其做法是，先将小米上锅炒一炒，然后拌少许植物油慢火熬煮，少则一小时，多则两小时，直到米粒完全煮散、煮烂，米粥松软绵糯为止。据说，这种小米粥大补。

有一年，外地战友来访，在饭店点菜时，服务员极力推荐"炝锅小米稀粥"和"蛋炒小米饭"，说没有吃了不说好的，遂欣然点上。果然，等这两道主食端上来，不一会儿就被抢食一空。这是一种新的做法，一改小米与生俱来的甘味。其中炝锅小米稀粥用野生的"翟米花"（薤白，也叫小根蒜、山蒜等）炝锅，加了盐，咸香可口，别有一番风味。自此，但凡有外地客人，只要酒店有这两道主食，必点无疑。

小米磨成面后，还可以做成其他食物。大江南北最为常见的当属煎饼，大多用小米面做成，或与豆面、玉米面等混合后做成，无论哪种都好吃。家乡用小米面常做的主食还有发糕，是用小米面掺玉米面发酵后蒸制的一种主食，如果蒸的时候再在上面缀以红枣或者葡萄干，口感更佳。

乡亲们还用小米面做一种吃食，那便是清明的甜馍馍。"燕子来时春社，梨花落后清明"，只有到了这一时节，人们才会动手做清明甜馍馍。其形如枕头，又似大块头面包，需要切片食用，是一年一度才能吃一回的食物。

什么东西天天吃、年年吃，也会腻、也会烦。我小的时候，吃得多了也挑剔，早饭改吃小米饭锅底，也就是小米锅巴。把锅巴铲起来用铲子捣碎，加少许胡麻油，再从咸菜瓮里盛半勺盐水，翻炒几下出锅，香喷喷的，很好吃。有一阵子，弟弟见我吃得津津有味，也要吃，就分享给他，没想到他也吃香了，非要独食，不给他，就撒泼、哭闹，在父母的劝说加呵斥下，只好无奈

地让出了我的钟爱。

诚然,出现这种情况,不能不说和那个物资匮乏、食物单一的年代相关。

记得当兵后的第二年,由于降雨不停,驻地水库的水位猛涨,堤坝岌岌可危,我连奉命紧急驰援抢险。这个水库在距离县城几十里外的山沟内,老人们竟然不知当时的国家领导是谁,依旧称保定市为保定府,相当闭塞。用晚饭的时候,只见每张桌子上放着一大盆煮鸡蛋,一盘咸菜,不见主食,也没有菜肴。后来才知道,老乡们本来是做了主食的,做的是小米饭,不知听谁说部队早就不吃粗粮了,就没好意思往上端。可见,在二十世纪八十年代,小米还是上不了台面的。

如今,不比从前,吃粗粮比吃细粮香多了,特别是随着糖尿病人的增多,豆面、苦荞面等粗茶淡饭反而成了抢手的香饽饽。而乡亲们的饮食,尤其是大人们的茶饭,在我的印象中,似乎从来没有改变过,一日三餐,不是小米粥、小米饭,就是黄糕、饸饹。

或许,这就是一方水土养一方人的道理。

黄　糕

家乡的人们爱吃黄糕。不管是荤菜还是素菜、野菜,皆可泡糕。可以说,黄糕是雁北人家不可或缺的午饭。

黄糕由黄米面做成,做法非常简单,用水和面后上屉蒸约二十分钟出锅,再将其在盆内擩成形即可。乡亲们还习惯在擩好的黄糕上面抹一层胡麻油,可能是为了保温和防止干皮吧。抹上油的黄糕表皮会很快起些油泡,米粒般大小,一个接着一个,密密麻麻的,犹如雨点击打在水面上起的水泡,看着就有食欲。

黄米就是去了皮的黍子。黍子也是一种谷物,多生长在北方地区。在我的家乡,黍子大多种植在山区或半山区的旱坡地。据长辈们说,这些地方的黍子又甜又黏,蒸出来的黄糕筋道,比水地种出来的强多了。

不读《诗经》,不知黍有《王风》之歌,生气袅绕,千年不朽,万年不绝。

彼黍离离,彼稷之苗。行迈靡靡,中心摇摇。知我者,谓我心忧;不知我者,谓我何求。悠悠苍天,此何人哉?

彼黍离离,彼稷之穗。行迈靡靡,中心如醉。知我者,谓我心忧;不知我者,谓我何求。悠悠苍天,此何人哉?

彼黍离离,彼稷之实。行迈靡靡,中心如噎。知我者,谓我心忧;不知我者,谓我何求。悠悠苍天,此何人哉?

这是《王风》中的《黍离》。诗人的"黍离之悲"充溢字里行间,心中的忧伤与叹息缠绕着那个孤独的身影,连同周围的空气都是苍凉的味道。

《诗经·小雅·黄鸟》一诗除了言及小米,还说到黍子:"黄鸟黄鸟,无集于栩,无啄我黍。此邦之人,不可与处。言旋言归,复我诸父。"由此可见,黍子的种植不但历史悠久,而且还是古人的主食之一。

翻阅古诗词,有关黍子的描写颇为广泛,并且多数出自名人之手:

"硕鼠硕鼠,无食我黍!"(先秦《硕鼠》)

"柴门寂寂黍饭馨,山家烟火春雨晴。"(唐代贯休《春晚书

山家屋壁二首》)

"白酒新熟山中归,黄鸡啄黍秋正肥。"(唐代李白《南陵别儿童入京》)

"故人具鸡黍,邀我至田家。"(唐代孟浩然《过故人庄》)

"莫辞酒味薄,黍地无人耕。"(唐代杜甫《羌村三首·其三》)

"楚乡菰黍初尝,马蹄偶踏扬州路。"(宋朝曾协《水龙吟·楚乡菰黍初尝》)

李时珍说:黍米味甘,性温,无毒。益气补中。烧灰用油调涂伤疮,能止痛,愈后不留瘢痕。黍米嚼浓汁涂小儿鹅口疮有效。这样看来,黍子同小米一样,也有一定的药用价值。可是,我没有听说乡亲们利用过,也许是他们不甚了解,也许是我孤陋寡闻。

乡亲们除了吃黄糕,偶尔也吃炸糕。就是把黄糕像白面一样揪成小团,再捏成皮(由于黏,不用擀面杖擀皮),包上红糖、豆沙、菜馅,或者什么也不包,直接用手拍成饼子,然后入油锅,炸到金黄并起泡时捞出。这种炸糕只有在婚丧嫁娶,或者逢年过节、过生日的时候才能吃得到,属于粗粮细做的一种。

我在唐山当兵时,有一年爱人放了暑假到部队探亲,带去了家乡的黄米面,并在我和战友们的一次聚餐时做了油炸糕。战友有沧州的、赤峰的、淄博的、绵阳的……吃了没有不说好的。

至于黄糕,一般外乡人吃不了,说黏牙,怎么也嚼不烂,无法下咽。其实本地人也嚼不烂,嚼,只是个形式。人们大多只是象征性地嚼几下就直接咽了,囫囵吞枣般。有的人吃得口大,一铲糕三五口就下肚了,咕咚咕咚的,响雷一般。又如石锤夯在地基上，掷地有声。

　　去年，准女婿从天津来家里，听女儿说家乡的午饭以黄糕为主，就想尝尝，结果没吃几口就吃不下去了，不一会儿又肚子痛，都是黄糕惹的祸。

　　可能是口大、嚼不烂，又整团吞咽的原因吧，家乡几乎每年都有吃黄糕噎死的，也有打赌撑死的。有一年，一个村子的一户人家盖房子，正是农闲时间，帮忙的乡亲很多。上梁那天吃的是炸糕，一个帮忙的不怀好意地对另一个帮忙的说："你不是能吃糕吗，那咱今天就验证一下，如果你能吃下二十个炸糕，我就赔你两瓶'壶泉白'，外加一锅豆腐干。"结果那人只勉强吃下十八个就撑死了。

　　其实，乡亲们真正吃上黄糕的日子是从国家改革开放以后才开始的，算过来算过去，也就四十年的时间。以前由于一贫如洗，吃了上顿没下顿，别说吃黄糕了，黍子糕也极少吃到。黍子糕就是黍子不碾皮直接磨成面做的糕。即使是黍子糕，其中也要掺一部分玉米面，口感自然大打折扣。大多数人家常吃的糕是高粱糕，即高粱磨面后做的糕。这种糕，初吃觉得还不错，可吃的日子久了，就会烧心、反胃，还不如莜面做的"搅拿糕"好吃。

　　如今，黄糕成了家常便饭，泡糕菜也丰富多了，想吃肉菜有肉菜，想吃素菜有素菜。肉菜指的是大烩菜，不是炒菜。炒菜不烂，不适合泡糕。大烩菜有羊肉的、猪肉的，也有用羊杂、大牲畜肉做的，但常用的是猪肉。有的地方还用鸡肉泡糕，起初我不理解，鸡肉那么大的块怎么能泡糕呢？后来才知道，是咬一口鸡肉夹一口糕吃，或者夹一口糕蘸点儿鸡汤咽了，再吃一口鸡肉。

　　做大烩菜的蔬菜有大白菜、小白菜、菠菜、茄子、蘑菇、蔓

菁叶、雪里蕻等，外加豆腐、粉条，或者油炸豆腐、油炸山药片等。如果是吃荤菜，得先炖肉。一般情况下，最少得炖一个小时，然后再入菜。往往是菜还没烩烂，香气已经满屋飘荡，令人垂涎欲滴了。不过，这些还不是乡亲们的最爱，他们最爱吃的大烩菜是肉烩干菜。常见的干菜有干黄芥菜、干茄片、干葫芦条等。晒得多的人家，能从秋天吃到春天，天天吃，年年吃，百吃不厌。

乡亲们吃素菜泡糕用热菜的少，多用凉菜：韭菜拌豆腐、菠菜拌豆腐、烂腌菜拌豆腐……再掺上蒸熟的土豆丝，对于爱吃素菜的人来说，不失为一道美味。值得注意的是，拌这些凉菜，必须用现炸的花椒油调味才好吃。也有用西红柿炒鸡蛋、韭菜末炒鸡蛋泡糕的，或者直接把熟鸡蛋夹碎了，再佐以油盐酱醋泡糕。倘若到了春季，苦菜露出地面的时候，人们就会争先恐后地挑上，用其泡糕，既健康营养，又鲜美无比。

黄糕好吃，黍子的种植与收割却颇为烦琐，且产量不高，因此，农民种植的积极性不高，种植面积也不大，但基本上还是能够满足当地人的生活需求的。不料三年前，市面上黍子忽然紧张起来，价格成倍增长不说，还不好购买，一时间，众说纷纭，莫衷一是。后经多方打听才知道，临县开了一家酒厂，以生产黄米酒为主，大量黍子都被他们收购了。

"白酒甜盐甘如乳，绿筋皎镜华如碧。"也好，黄米酒具有滋肝养肾、健脾暖肝、开胃消食等功效，对于爱饮酒的人们无异于又一福音。

俗话说，黍子多锄一遍，黄糕就好吃十分。如此，自黍子长高弯腰前，黍地是要锄上几遍的。特别是到了中午，夏日炎炎，汗水淋淋，酷热难当，还得继续弯身锄地，其中的艰辛不言而喻。年幼时，我就跟随父母下田劳作，尝遍个中滋味，所以非常讨厌田间劳动，并誓言脱离农村——用乡亲们的话说，就是"不挖二垄子"。

但是，对于打谷场上的劳作场面却很留恋，并且记忆犹新。每当打谷场上响起扇车扇黍子的响声，我和小朋友们就会乐此不疲地在打谷场上跑来跑去，要么在忙碌的人群中穿梭追逐"抓特务"，要么分成两拨，手拿秸秆当枪使打仗。到了晚上，糠秕和着灰尘依然在空气中弥漫着，雾蒙蒙的，只能看见大人们的身影，而看不清他们的面容。这时候，我们仍然不想回家，不是钻进黍秸里捉迷藏，弄得灰头土脸，就是坐到秸秆上数星星——那深邃的夜空、浩瀚的星辰，朦胧的月光、如水的夜色，准能给予我们无限的遐想。

端午就要到了，又到了粽子飘香的时节。黄河上下，亘古不变的糯米粽子，或掺杂着红枣，或掺杂着蜜枣，无论孩子还是老人，没有不喜欢的。除此之外，还有猪肉粽、火腿粽、蛋黄粽……但据史书记载，最早的粽子，即春秋时期祭奠屈原的粽子，用的原料并非糯米，而是黍米。我的家乡一直有包黄米粽子的传统，端午前后，人们除了吃糯米粽子，也要吃几个黄米粽子，黏黏的、甜甜的，风味独特。可是孩子们不怎么爱吃，他们似乎对黄米做的东西都不感兴趣，包括黄糕。

或许几十年后，随着这一代中老年人的逝去和不爱吃黄糕的青少年们的长大、变老，家乡的黄米粽子会逐渐销声匿迹，餐桌上的黄糕也会风光不再，甚至踪影全无。

饸饹

北方十年九旱，家乡概莫能外。有时过了芒种，仍不见一丝细雨，赤地千里，热气腾腾。这时，玉米、谷子、黍子早已错过了种植的大好时节，即使普降甘霖，也于事无补了。万般无奈之下，乡亲们会适时种植荞麦来挽救损失。

"麻三菜四谷一七，气得老荞不接宿。"这是家乡的农谚，指的是这几种作物的发芽时间。而所有农作物中，荞麦似乎是发芽最快的一种，只需一天时间。因此，夏至一旦有降水，人们就会抓住时机，赶紧种下荞麦，而荞麦也会在一夜之间露头吐绿，不负众望。尽管荞麦的收成不比玉米和谷黍，但是总比绝收好得多。如此，家乡的旱坡地，每年都会种植这些红根绿叶的庄稼，而荞麦也就年复一年地滋养着一代又一代广灵人。

老家有则关于荞麦的笑话，一直流传至今。说的是，一个当兵三年的青年回家省亲，下车后途经一片荞麦地时，看见一个老人在地头锄地，就停下脚步问："老头，这红根绿叶的东西是什么玩意儿？"他说的是普通话，抑或是外乡话。老人直起腰，眯眼瞧了瞧这个一身戎装的年轻人，缓步走到青年跟前，什么也没说，突然就扬手打了他一个耳光。这个年轻人捂着腮帮子，诺诺地说："二叔（shou）锄荞麦哩。"普通话或者外乡话也改成了本地方言。原来，他不但认识正在锄地的老人是他的二叔，也认识这种红根绿叶的庄稼是荞麦。

这则笑话一直警醒着我，不能因为时空的变化，抑或身份的变化、地位的变化而忘本，更不能忘记自己的根在哪里。特别是当兵后，每次探家，都会尽可能地换成便装，说家乡话，既不炫耀城市的繁华，也不夸赞部队的伙食，不能让乡亲们觉得自己吃了几天白面、大米，就嫌弃家乡的粗粮了。即使偶尔闪出一两句"侉话"，他们也会理解：在外当兵时间长了，免不了。

荞麦磨成面后，常做的食物是饸饹。《辞海》对饸饹的定义是："北方一种用荞麦面轧成的食品。参见'河漏'。"而对河漏的解释则是："即饸饹。北方一种面食。王桢《农书·荞麦》：'北方山后，诸郡多种，治去皮壳，磨而为面……或作汤饼，谓之河漏。'"

荞面饸饹外观细细滑滑像粉条一样，是以前每个家庭经常制作的食物之一，就像如今家里做的擀面条一样平常。现在，随着县城和乡下的饸饹小吃铺的不断增多，人们贪图方便快捷，已经很少家庭制作了。但是，每逢婚嫁的大喜日子，"下迎"（结婚前一天）的晚上，是必做无疑的。可能是寓意新人的婚姻久久长长吧。

大哥在世时，爱吃饸饹，也爱做饸饹。那时我们分居东西正房，共用一个堂屋，而灶台就在堂屋。每当他做的时候，我们几个就会围着观看，或帮忙压住不时翘起的饸饹床头，或给灶膛添柴或添煤。起初用的是上代人传下来的木制饸饹床子，后来换成铁的，横跨在大锅之上，把和好的面团装一眼，压一眼，全然不顾下面开水的滚烫。虽然开着门窗，但往往压不了几眼，整个堂屋已是水汽缭绕。如果烧的是柴草，烟气更甚，不把人呛得鼻涕一把泪一把，饸饹就不会压完。

现在，那种压杆式的木制饸饹床和铁制饸饹床已经退出了历史舞台，或束之高阁，或弃之院落，或做了劈柴、卖了废铁，取而代之的则是那种省人省力的链条式饸饹床和饸饹机,只需轻摇手柄,或者一按电钮,饸饹就轻轻松松地入锅了。

荞面分甜荞面和苦荞面。甜荞饸饹适合热食,也就是人们经常食用的那种。煮熟的甜荞饸饹不能即煮即食,要先捞出来放进凉水里"冰"一下,然后再回锅热一下,才能浇上浇头吃,否则发涩发黏,影响口感。

家乡人称浇头为"盐水"。盐水有荤的、有素的,荤的多用猪肉制作,同刀削面的肉臊子无二。素的就是直接浇上化开的盐水、酱油、老陈醋、辣椒油,再配以葱花、香菜、蒜泥、芝麻等,别具风味。也许是贫穷的缘故,也许是偏爱素食的原因,家乡的小吃铺里极少见到有卖肉臊子饸饹的。倒是在个别饭店,偶或能尝到。

苦荞饸饹适合凉食,其做法同甜荞饸饹一样。食用的时候,无须再回锅加热,直接从凉水里捞出,配上用圆白菜腌制的酸菜,再浇上盐水即可食用。苦荞饸饹吃起来滑滑的、爽爽的,酸咸苦辣味道俱全,往往是吃了一碗,还想吃一碗,直吃得满头大汗,酣畅淋漓。由于这种饸饹味苦,败火,因此在夏季颇受欢迎。

《水浒传》第二十四回,西门庆问王婆:"间壁卖什么?"王婆道:"他家卖拖蒸河漏子热烫温和大辣酥。"对话中的"河漏子"指的就是饸饹。元代诗人许有壬也曾在诗中写到他吃饸饹的感受:

坡远花全白,霜轻实更黄。
杵头麸退墨,皑齿雪流香。
玉叶翻盘薄,银丝出漏长。

元宵贮膏火，燕墨笑南乡。

《本草纲目》记载："荞麦最降气宽肠，故能炼肠胃滓滞，而治浊滞、泄痢、腹痛、上气之疾。"我想，李时珍这里说的估计是甜荞麦，而非苦荞麦。倘或是苦荞麦，断然不会忘记写上能清热解毒、活血化瘀、消食化滞，以及降血压、降血糖、降血脂、改善微循环等功效。由于苦荞是辅助治疗糖尿病的最佳食物，近些年成了大多数糖尿病患者的主粮，颇受恩宠。

十年前，商家也紧抓时机，开发出了苦荞茶、苦荞酒、苦荞醋等食品，但凡有苦荞的产地，无不建厂投产，广为宣传推广。我的家乡也不例外，苦荞产品层出不穷，深受人们喜爱。

饸饹不但入诗、入文、入古典、入药典，还被广为传唱。有一首陕北民歌唱道："荞麦饸饹羊腥汤，死死活活相跟上……"由此看来，饸饹不但历史悠久，在民间特别是在北方，还是人们爱吃的一道美味。

我在承德地区当兵多年，当地也有荞面饸饹这种小吃。据说，清代乾隆皇帝每次去围场狩猎，途经一百家子时，都要吃荞面饸饹，而且还特地传旨，调承德一百家子的厨师进宫，专到御膳房为皇帝和后宫皇妃们做饸饹。可是，我自始至终没有吃出家乡的味道，还是觉得家乡的饸饹好吃些。

家乡的饸饹铺比比皆是，但不全是卖荞面饸饹的。除荞面饸饹外，还有莜面饸饹、豆面饸饹、白面饸饹、玉米面饸饹，或者几种面混合在一起做的饸饹，人们谓之"二鲜饸饹""三鲜饸饹""四鲜饸饹"，等等。这几种饸饹除莜面饸饹是压好后，再上锅蒸熟，或拌上菜，或浇上汤食用，有别于荞面饸饹外，其余的几种饸饹制作方法和食用方法大致和荞面饸饹相同。尤其是玉米面饸

饹,到了夏季,几乎家家户户在做,是地地道道的农家晚饭。别的饸饹是和好面后压到开水锅里煮熟,而玉米面饸饹则是把玉米面熬熟后再压的。其制作方法是:先把玉米面拌成糊状,然后倒入锅里不停地搅动,熬制成胶质果冻般的黏稠状,再压到冷水桶里。由于玉米面饸饹泡在冷水里两三个小时,不绵软,不变形,依然筋道有弹性,人们俗称玉米面饸饹为"水饸饹"。

压制水饸饹的饸饹床子有别于制作荞面饸饹、豆面饸饹的饸饹床子。即:在两块长度超过水桶直径的木板中间固定两块短的木板,围成一个方形空间,方形空间底部固定一约0.4厘米直径孔的铁板,压制工具是在一长50厘米、直径约5厘米的木棍两端,一端固定一厚约1厘米,长宽与方形空间尺寸相等的木板,另一端横向固定压制手柄。

浇水饸饹的盐水同浇荞面饸饹的盐水无异。但是比较讲究的,也是人们普遍喜爱的则是西红柿盐水,就是用西红柿做的浇头。金黄的水饸饹浇上鲜红的西红柿盐水,再配上碧绿的嫩韭菜段,好看也好吃。假若再来几块豆腐干,吃一口水饸饹,嚼一口豆腐干,那种感觉,那种滋味,妙不可言。

俗话说:"玉米面'搅拿糕',改善生活水饸饹。"从前,乡亲们的晚饭,不是玉米面"傀儡",就是玉米面糊糊,吃得人们烧心反胃,唯恐避之不及。于是,精明的人家就粗粮细做,改吃水饸饹。就像现在的家庭,隔些时日,就会烧条鱼、炖点儿羊肉、包顿饺子一样,以改善家人的胃口。

农家的生活虽然清苦,但绝不吝啬,一家做了水饸饹,两家也吃不完。有时,晚上没吃完,早上一骨碌爬起来,接着来两碗,真是"早晨起来打两碗,饱得自家君莫管"。(苏轼)

以前吃水饸饹是改善生活的一种方式，如今仍然是。特别是到了正月，人们大鱼大肉吃腻了，就想吃得清淡点儿。这样，在寒风刺骨的季节，在接待亲朋好友的重要日子里，水饸饹定然会闪亮登场，并堂而皇之地摆上餐桌。彼时，相信人们吃出的绝对不是冰冷的味道，而是幸福的味道。

幸福的味道，其实也是家乡的味道。

戒　烟

我戒烟已有七年了，戒得比较成功，也比较彻底。对烟失去兴趣不说，还隐隐地生出厌来。现在多贵重的烟如"红中华""芙蓉王"也打动不了我的心，好像我从没沾过它的边，没有亲近过它似的。熟识的朋友，知道我戒了烟，抽时便径直叼上一支，旁若无人的样子，让人觉得他少礼，其实不然；不晓得的，便会再三礼让，弄得我连连道谢并推辞好久才能作罢。如果他们进一步得知我原来也是一个地道的瘾君子时，就更加唏嘘感叹不已：了不起！了不起！由此可以想象得到，此君定然也是戒过几次烟的，无非没有如愿，否则对戒烟的感受不会那么深刻。

我学会抽烟时，年龄尚小，只有八岁。那时，我的周围，无论大人还是孩童，都笼罩在袅袅的烟雾中，俨然一群快活的神仙，一副副陶醉的神情，令人充满遐想与向往。就这样，在这种羡慕和好奇的心理驱使下，我很快学会了抽烟。开始时，尽管呛得又是鼻涕又是泪，还要担心大人们知道后自己挨揍，但，还是乐此不疲。仿佛一只扑向火光的飞蛾，只看到了火的光亮，没有看到火的烈焰。

二十世纪七十年代，绝大多数农民还生活在困苦之中。即使现在生活得滋润了，也不见得哪家的家长乐意掏钱让孩子买烟抽。因此，那时刚刚学会抽烟的我们，只有跟在大人们的屁股后面捡"烟屁股"抽,但所获甚少。因为大人们都比较珍惜每支来之不易的香烟,只有抽得不能再抽时,才会恋恋不舍地丢弃。大一点儿的孩子,比"刚出道"的我们有经验,他们一般都去大队门口或者个别工人家庭门口转悠,往往会有欣喜的发现。

想抽烟,又没钱买,捡"烟屁股"既丢人现眼,也得不到保障,于是,有些聪明的大人,便试着用一些植物的叶子晒干后揉碎了卷着抽,人们称其为"两头拧"。当烟叶使的最多的是一种叫"雀卧丹"的地皮植物,比葵花叶、豆叶之流抽起来有滋味多了。这让我想到1960年,那时,人们的粮食都不够吃,但为了生存,便只好漫山遍野地寻找野菜、树皮充饥。幼小的烟民——我们,为了能过足烟瘾,像那个年代找野菜充饥一样,学着大人们的样子,在地里到处寻找"雀卧丹",一群一伙的,裹挟在云山雾海里,无异于那些被邪教蛊惑的迷途羔羊,深陷其中,不能自拔。现在想来,那是一种多么愚蠢、可怕的行为啊!

十多岁时,我已经下地挣工分了。虽然身体还很单薄,但为了生计,别无选择。我最爱去麻地干活,因为那种集体劳动除了能挣半个工分外,还能挣到一包九分钱的"红满天",尽管是劣质香烟,在当时生活异常拮据的农民眼里,不逊于而今的"红山茶"。那感觉,比吃一顿油糕泡肉还幸福。至于四五角钱一包的"恒大""墨菊"(香烟品牌)从没奢望过。

1994年夏,我得了咽炎,一天喝三暖瓶水还觉得喉咙发干,因而烟是断然不敢抽了。于是,便下定决心乘机戒烟。病没好时,没了抽烟的欲望,可病一好,就有了。尤其看到别人抽烟时,心便痒痒的。最让人不能承受的是身边要好战友的轮番轰炸,好像我戒了烟会殃及他们似的,一个个有意无意地阻止着我

的行动计划。那时,我才真切地领会了"上贼船容易下贼船难"的深刻内涵。

我这人逆反心理特别强,别人越妨碍我戒烟,我反而更坚定了信心。但烟的诱惑实在让人难以招架,那种焦灼、难耐的感受可谓沁心切肤。经过半年多的战斗——自己与自己打仗,我终于彻底摆脱了香烟的纠缠。我如释重负,身心感到了前所未有的舒畅,就像紫燕又沐春风,那轻快地飞行,欢快地鸣啭,是自然的发自肺腑的真情流露。

戒了!我总算戒掉了顽劣的抽烟恶习,感觉就像经历一场艰苦卓绝的斗争。是的,生活就是这样,干什么事情也不轻松,如果你不付出一定的努力,收获的终归是海市蜃楼!

橘子泪

我是 1985 年离开家乡参军的。记得那时广灵县还没有卖橘子的，即使再有钱的人家，也奈何不得，只能买一袋橘子粉冲着喝。

当兵前，我倒也喝过那么一次橘子水。那天，我去同学家玩耍，适逢其父从大同归来，正给我那位同学冲橘子水喝，于是我侥幸沾了一回光。那感觉，就像当上了皇帝，喝到了玉液琼浆。因为在那个物资还比较贫乏的时代，在我们这个贫苦的山区小县，像橘子粉这类奢侈饮品，弥足珍贵，能喝得上的，倒也寥寥无几。为此，我曾经许过愿：有朝一日自己挣到钱时，一定买好多橘子粉孝敬疼爱我的姥姥和年过花甲还不知橘子水为何味的双亲。

见到真正的橘子，是在北京。那是 1986 年的中秋，我部奉命向老山前线开进，途经丰台就餐时，我看到了沿街叫卖的橘子。金黄金黄的，极具诱惑力。但卖价很贵，对于我们这些一个月只拿十二元津贴费的"穷大兵"来说，是可望而不可即的。车过四川，随着天气的转暖，橘子便如同北方的苹果、大枣般平常、便宜，而且不论形态还是味道与橘子相似的，还有橙子、广柑、芦柑、角柑等，随处都能见到。只要花上几毛钱，就能吃饱，但是怎么也吃不出想象中的味道了。看来鲁迅先生说得太对

了——"物以稀为贵"。在北方见不到，甚至见到，贵得也无人问津的稀罕东西，在南方却不好卖——是贱得无人问津。真是天壤之别呀！

1987年年底，临登车返回之即，战友们都忙着给后方的亲人和朋友采购物品。有买云烟的，有买红茶的，而我想起了多年前的那个愿望，决定带些橘子回家。我甚至想象到姥姥与母亲她们见到这些灿烂、鲜活、"贵重"的物品时，所表现出来的惊讶、欢喜的神情。

当我要买时，卖橘子的大姐却劝我重新选择。原因是当时的季节已无青橘可买，而带着黄橘子上路，等坐上十几天车返回驻地，再等几天探亲假批下来又坐上几天车回到家乡时，橘子一定烂透了。真难得卖橘者的一番好心，但我还是决定买橘子。之所以如此，是因为……

不出那位卖橘大姐的预料，车一路行着，橘子一路烂着，等我们回到营房时，我带的二十余斤橘子，所剩不足三斤。尽管我的探亲假很快被批准，可是，当我怀着激动不已的心情踏上故乡贫瘠的土地时，橘子烂得只剩下十来个了。但我并不后悔，一想到父母即将吃到橘子的喜悦，我澎湃的心情平静了许多。

我步履匆匆地行走在县城既熟悉又陌生的街道。蓦地，一道金黄的色彩直向我射来——显然那是橘子的颜色。不由地，我停住了脚步——有些不知所措。旋即，滚烫的泪珠顺着脸庞滑落下来。是悲，是喜？可能哪种感觉都有。悲的是，自己"八千里路云和月"的辛苦与苦心白费了；喜的是，时隔仅两年，偏僻闭塞的家乡在朔风凛冽的严冬居然也卖上了"鲜活"的橘子。由此可见家乡经济的复苏和人们生活水平的提高。

回到家中，当父母看到传闻已在战斗中炸残了的儿子突然完好地出现在他们面前时，禁不住老泪纵横，不能自抑。在我的一再敦促下，他们才小心翼翼地剥开橘子，将一瓣肉肉的橘子送到嘴边……看着苍老了许多的亲人终于吃上了他们渴盼已久的橘子，我的泪水禁不住再一次夺眶而出……

苦菜的思念

北方的春天是从青草长出芽尖开始的。当它们星星点点地在荒草中探头探脑的时候,苦菜还了无踪影,但人们已在翘首期盼。性子急的不信草芽长上来了苦菜芽没长上来,就会拿着挑铲和篮子到地里走上一遭,甚至走上一天。当看到浑黄、光秃的田间确实找不到一丁点儿灰绿的苦菜,才会无奈返回。不过这时的心踏实多了,虽然馋苦菜,但已经能耐住性子了。

熟悉土地的人们知道,杨花挂满枝头,柳眉儿妩媚动人的时候,苦菜芽才会拱出地皮。但是不多,这里一株,那里一株,稀稀拉拉的,如同一两只羊偶尔经过,撒下几粒羊粪蛋,少得可怜。

到了桃花怒放,美得让人流连忘返的时候,地里的苦菜才长得恣肆,一簇簇、一团团,蓬蓬勃勃的,同新出的玉米苗竞赛,看谁长得快。倘若这时去了田地,只要你舍得时间,总会满载而归——篮子里、口袋里无不瓷实地塞满鲜嫩的苦菜。

乡亲们爱吃苦菜,我的朋友们也不例外,但逢聚会,总会点下这道菜。吃苦菜不仅仅因为它是绿色食品,好吃,有药用价值,还因为它承载着一代又一代人痛苦的回忆。特别是从苦难中走过来的人,没人会忘记那些"面黄肌瘦"的日子,忘记苦菜的舍身相助。

人们常说,从小吃啥,长大以后便爱吃啥,这话不假。反正我是这样,依然爱吃小时候吃过的苦菜、玉米面水饸饹、烧山药……在那个贫困的年代，吃食极少，能填饱肚子已实属不易。当时我们特别羡慕一位姓赵的同学，羡慕他有一个做保管员的父亲，羡慕他总能吃饱。不像我们，无论上午还是下午，上学不一会儿，肚子便"咕噜噜"鸣响，此起彼伏，直到放学才结束这支身不由己的肠胃"协奏曲"。

不可否认，记住那个年代其实是从记住那个年代的粗茶淡饭开始的。而且随着经济社会的日益发展，人民生活的日益丰富，对那时饭菜的印象就越来越深刻，有如一块块经过精雕细琢的丰碑，刻满那个岁月的痕迹，潜藏在脑海深处。

我在部队待了十三年时间，每天白面大米，但依旧没有改变少时养成的饮食习惯。以至于每每回乡探亲，总要饱餐几顿儿时爱吃的饭菜后，才会恋恋不舍地归队。转业回到故乡后，自然而然，一日三餐仍是小时候爱吃的茶饭。

我想，少时的茶饭不仅仅是一种记忆，还蕴藏着一种思念。这种思念无时不在，就像风，从春刮到冬，从小刮到大，还将刮到老，不知疲倦，也不会停歇。有时呼呼的，有时柔柔的，从心头刮过，从脑海刮过。看似虚无，却充盈着每一个思念的空间。

这种思念也许不是痛苦的那种，却和亲人息息相关，甚至相糅相杂，人牵着事，事连着人，分不清彼此。

我对母亲的思念就是如此。不知道是因为想母亲而想起苦菜，还是因为想苦菜而想起母亲。

一次，战友们在一起聚餐，照例点了鲜嫩的苦菜芽，我吃着吃着就走神了，拿着筷子的手在空中悬了好大一会儿。战友们以为我喝多了，其实我是想起了母亲。

那一刻，我的思念悄无声息地回到了老家东崖头村，回到了那片生我养我的故土，回到了母亲身边，回到了她老人家调拌好

的苦菜旁，贪婪地嗅着那诱人的鲜香……

记得有一年我从部队探亲归来，正是苦菜肆意生长的季节。母亲为了让我顿顿吃上新鲜可口的苦菜，每天都会早早地去田野挑苦菜。归队前，母亲问我："你们首长爱吃苦菜吗？城市里有卖苦菜的吗？"我蓦地想起，战友们也爱吃苦菜，只是吃法和我们有所不同。他们更喜欢生吃，把苦菜择洗干净后直接蘸甜面酱吃。不像家乡的人们，要么用水焯了凉拌，要么和白萝卜丝一起腌制成酸菜吃。吃不了的就晒干，等冬天享用。

当母亲听说我的首长和战友们也爱吃时，就又到田间挑了两天苦菜，让我带给他们。那几天，即使母亲戴着草帽，带着水壶，脸膛仍被晒得黝黑，嘴唇脱皮，两个裤腿的膝盖处无不沾满黄土，拍也拍不掉。母亲分明是蹲不了跪着挑的苦菜啊！瞧着母亲疲惫的样子，当时我懊悔不已，悔不该告诉她实情。那一年，母亲已年近七旬。

之后，母亲连夜把苦菜择净，又一把一把码齐扎好，长长的根顶着几瓣叶子，白绿相间，清新修长，像极了人参，我却不忍直视。我何尝不明白，母亲不辞劳苦地挑苦菜送给战友们尝鲜，绝非只是冲着我们那份浓浓的战友情去的，她是为了让我日后得到更多的关照。母亲的良苦用心做儿子的怎么会体会不到呢？

如今母亲已辞世多年，但不管以前还是现在，只要一吃苦菜，我就会想起她挑完苦菜，虽疲倦却喜悦的神情，虽昏花却认真的眼神，以至于每每泪花模糊了双眼。

看来，想起苦菜似乎是一件幸福的事情，就如同想起母亲，梦见母亲一样，久久不愿醒来。

蜡　嘴

邻居的院门前，长着两株并肩的柳树。听年迈的父亲讲，从他记事时起，它们就"夫妻"般生活在这里了，到底有多大的年龄，无从考证。现在粗得恐怕四个人合围也抱不住它们，虬枝横空，几乎覆盖了邻居的整个院落。每逢春夏之际，树影婆娑，苍翠欲滴，因此招致众多的鸟儿来此落户，整日里叽叽喳喳，喋喋不休，颇让人烦。

不过倒有一种小鸟例外，当地人称它为"蜡嘴"。体态比麻雀稍大些，灰褐色，脑袋有些像画眉，音色婉转悠扬，美妙悦耳，给我们枯燥的生活平添了不少生气和情趣，令人刮目相看。尤其每天黎明时分，它宛若早起练歌的少女，左瞅瞅，右瞧瞧，见四下无人，方才掩藏起那份拘谨与羞涩，迎着淡淡的曙光低声浅唱。于是，附近的人们便会在它的啾啁声中起床，并且用一种只有在极好的心情下才会有的口吻唤儿女们起床诵书。

久而久之，有一位姓赵的邻居被蜡嘴的歌声深深陶醉的同时，渐起贪心——想独享那一份抑扬。可是蜡嘴生性聪颖，就是不上他的当，尽管邻居赵在设有机关的鸟笼里放置了大量的谷物，但蜡嘴始终对其不屑一顾，逮住的多是些贪食的麻雀。邻居

赵仍不甘心,又在蜡嘴经常栖息的枝头挂了笼子,拴了鸟套,然而终未捕获。

忽一日,他欣喜若狂地告诉大家,发现了蜡嘴的窠巢,并且里面正孵着小鸟,不日便可掏到小蜡嘴了。大家听后不以为然:都快四十岁的人了,哪来的那份闲情逸致?不料过了几日,他真的把小蜡嘴掏回了家。这可急坏了它的父母,它们一会儿蹿上,一会儿跳下,失魂落魄的样子,看着让人揪心。而邻居赵则美滋滋地在屋内逗弄着小蜡嘴,完全不顾老蜡嘴的急火攻心和愤懑叫骂。

母爱是伟大的。巷内细心的女人们接连几天发现,老蜡嘴只要看见邻居赵走远,就会衔着虫子从破窗的地方飞进屋里喂食。这种情形深深地感动了她们,纷纷劝说邻居赵就冲这一份浓厚的亲情,也应该将小蜡嘴重新送到它父母身边,可是邻居赵不为所动,依旧执迷不悟。并决定利用小蜡嘴做诱饵,捕捉老蜡嘴。终于,老蜡嘴因小蜡嘴而不幸落入了邻居赵的"虎口"。邻居赵非常高兴,以为如此每天都可以听到动听的鸟鸣了。然而让他大失所望且大光其火的是,自从老蜡嘴身陷囹圄后,就再也没有一展歌喉。

半个月后,小蜡嘴不知是由于邻居赵的怠慢,还是忧郁成疾,于一个黑漆漆的夜晚结束了它幼小的生命。它的死,再一次激怒了老蜡嘴。那几天,人们随时都能看到老蜡嘴扑棱着翅膀,悲痛欲绝地在悬在屋檐下的鸟笼里碰来碰去,场面惨不忍睹。于是,其他邻居又去劝说邻居赵将它放生。然而邻居赵倔强得要命，依然我行我素。

又一天，当一轮新的红日从东方冉冉升起时，邻居们不愿想更不愿看的事情终于发生了——老蜡嘴满身血污倒在了邻居赵的鸟笼里，它再也看不到光明了。

它的死，深深地感染了邻居们。尤其联想到它以往清脆的歌声，更加痛楚不已。孩子们有时会突然问："明年蜡嘴还会来咱们这安家吗？咱们还能听到它欢快的鸣叫吗？"

大人们一脸茫然：可能——会吧。

老家的河滩

壶流河是家乡的母亲河,流经我的老家东崖头村,流向桑干河。一路走来,她犹如一位旅者,这里停停,那里站站,一双滴溜溜的眼睛总也看不够。到我们村时,更是顾盼流连,在几次舒缓地转身后,划着一条优美的弧线向东奔流而去。

宛若丝巾一样飘过的壶流河,在老家村南造就了大面积的河滩。靠西的人们叫它"西河滩",靠东的人们叫它"东河滩"。

同样是河的两岸,河南、河北却大相径庭。北岸的河滩上,到处是白花花的盐碱,特别是到了春天,土地好像得了牛皮癣,这里一片,那里一片,看着瘆人。除了生长一些低矮的青草和一些永远也长不高的杨柳,再也不长别的东西。南岸虽也有盐碱,却很少,因而能够种些向日葵和苜蓿。每每夏季来临,金灿灿一片,紫莹莹一片,俨然一个个身姿曼妙的妙龄少女,在微风的轻拂下,婀娜多姿,甚是惹人爱怜。由此还引来些许养蜂人,他们把蜂箱在地头一字排开,一边喝茶,一边看蜜蜂嘤嘤嗡嗡地在花丛中飞来飞去……

东河滩离村较远,往返一次就如同到邻村走了一遭,因此我们不常去。但是偶尔也去,去干活。要么到河滩附近的田埂打羊草,要么到河滩上稀疏的林子里扫落叶(给羊准备的)。我们常在西河滩玩耍,不仅因为它离村近,还因为河滩上有还算茂密的树林和整日里叽叽喳喳叫个不停的小鸟。鸟儿中除了一群群的麻雀，还能看到黄肚皮、红头顶的叫不上名字的鸟儿，啁啁啾啾的，声音宛转悠扬，悦耳动听。还有一种小鸟，看上去只有大拇指头大，我们叫它"羊粪蛋"，即使在枝叶间上蹿下跳，也难寻觅它的身影。因其小，成了小伙伴们追逐着练弹弓的靶子。

那时我们人人都有弹弓。上学时放书包里，放学后带在身上。不管冬夏还是春秋，一有机会，就结伴往西河滩跑，跑去打麻雀。尤其是夏日，太阳火辣辣地炙烤着大地，鲜有露天活动的生灵。鸟雀也不傻，一头钻进树林，就钻进了避暑胜地，钻进了清凉。小伙伴们跟着它们钻进树林，钻进习习清风中，在享受林荫蔽日、凉爽怡人的同时，伺机打鸟。打鸟是我们儿时的乐趣之一，哪里有鸟，哪里就有我们。

妇女也喜欢河滩。到了夏天，她们就会用脸盆端着浸满汗渍如同浸满盐碱的衣服，或者被里被面，到河边洗。农村那时好像还没有洗衣液、洗衣粉，倒是有肥皂，人们叫它"胰子"，有也不带，因为河滩上到处是盐碱，洗时只要捧上一捧就够用了，谁还会花钱买肥皂？她们洗完一件往河滩的草地上晾一件，等洗完最后一件，之前洗过的衣服也干得差不多了。这时，有的伸个懒腰，清清嗓子，唱一段《小二黑结婚》或者《汾河流水哗啦啦》；有的索性挽起裤腿，走到河中央，或用手捧一捧清凉的河水喝，或追逐小鱼儿嬉戏。

骡马们也喜欢河滩。那里的矮草就像专门为它们生长似的，从春暖到秋凉，每天一小块就足以吃饱，不用争抢，不用左顾右盼，只需低头就行，边吃边用尾巴抽打趴在身上的牛虻，喷着响鼻，悠闲自在，总也吃不完。

河滩贫瘠，但在那些艰难的岁月，几次救乡亲们于水火之中的，就是人们讨厌的盐碱。印象中，那时家家户户都会自制碱坨。每逢春天来临，河滩上遍布白花花的盐碱时，乡亲们就会提着水桶，拿着笤帚，到河滩上扫碱土，然后提回家，用几个黑瓷盆制碱坨。制好后，等到农闲时去外地卖掉，换些钱贴补家用。特别是在遭遇自然灾害，收成严重减产的时候，因为有碱坨的额外收入，一次次帮助乡亲们渡过了难关。

二十世纪八十年代，我在河北承德地区当兵时，经常参加军民共建活动。当有的老百姓知道我是广灵人时，除了一个劲地赞美家乡的水泥好外，还夸我们的碱坨好。看来我的父辈们为了卖掉碱坨走的地方很多也很远，碱坨的质量也相对不错，以至于多少年后还有人说起。

如今，河滩早已不见踪影。随着河滩消失的还有那片矮树林和那些鸟雀。记得我在部队时，每回老家一次，就发现河滩变化一次。先是河道改直了，更靠南了，像条大渠，露出原来的河床，也露出了绵绵细沙。再是河滩被挖掘得坑坑洼洼，千疮百孔。最后变成了现在的河滩：青草没有了，土地平整了，或多或少地种上了玉米，也能打点儿粮食，远远望去，倒也绿莹莹的，但是总觉得缺少了什么。缺少了生气？唯独不变的是还有盐碱，虽然少了，但还有踪迹，白花花的踪迹。

其实这里已不再是河滩。

想着想着，猛然，一股寒风扑面袭来，我的思绪禁不住摇晃了一下，又一下。我知道，风用不着再走弯路，不必再绕过先前树林的阻挡，不必再像原先的壶流河那样，划着弧线经过我的脸庞。

恍惚中，记忆在灵魂的深处颤抖。

麻　雀

　　盖房时，为了穿线方便，在厕所内的椽头处留下个洞。当时寻思着等日后雨天来临时，再将其堵了，省得和泥，结果雨迟迟未到。

　　几个月后的一天，一阵电闪雷鸣过后，雨点终于噼里啪啦地掉了下来。此时的小院已是满眼生气，一畦畦辣椒秧、黄瓜秧、西红柿秧泛着绿油油的光泽，甚是惹人喜爱。这是自来水的功劳，若是等老天爷下雨，其生机恐怕同旱地里的庄稼一样，遥遥无期。

　　天色愈来愈暗，雨滴越来越急，人们步履匆匆地赶着路，鸟儿上下翻飞找寻着避雨的场所。只有燕子是个例外，它们要么斜着身子在雨丝里飞行，要么站在电线上悠闲地梳理着羽毛，根本无视雷雨的来临。

　　这时，我才发现，有一对麻雀夫妻已经在厕所的那个洞里安了家。洞虽小，却成了它们遮风挡雨的安乐窝。而之前我竟未注意到它们的出入，简直太大意了。

　　雨后，我找到一条编织袋剪碎，将其和入泥里拌好，准备把那个洞堵了。却见那对麻雀立在门头，一边无奈地望着我，一边凄婉地叫着，目光哀怨，声音嘶哑，犹如洞察了我的动机似的。我犹豫了，它们住在厕所，既不搞破坏，又不影响我什么，为什

么非得堵了呢？考虑再三，我决定给这对麻雀夫妇留下这个温暖的家。

看得出"小两口"很高兴，每天乐呵呵地唱着歌，早出晚归，或衔一枚绒毛，或叼一根细草，自顾自忙着布置它们的爱巢。但是没有表现出一丁点儿谢意，好像这个家本来就是人家的似的，好像我堵洞的做法是强盗行径。回头一想，不禁为自己的想法哑然失笑，它们怎会懂得领情和感激呢？

不久，洞里传出细细小小的声音，而且一天比一天大。显然，它们有了爱的结晶。我也心生喜悦，好像自家的兄弟姐妹喜诞贵子似的，着实为这对新邻居的幸福感到高兴。

一天，我下班回到家，见这对麻雀夫妻一会儿跳到墙头，一会儿蹲到屋顶，叽叽喳喳叫个不停。我瞧瞧厕所，门紧闭着，赶紧过去开了。或许是妻子或者女儿解手后忘了它们的存在，随手把门关了。难怪小两口不去觅食，而是在院子里焦急万分地叫唤，想必是害怕它们的小宝贝饿坏了吧？

走进厕所，只见墙根处有一只幼雀趴在那里，微微抖动着，浑身上下没长几根羽毛，紧闭着双眼，隔一小会儿就扬起头，张一张蜡黄的小嘴，却无声，看着委实可怜。

它是不小心掉下来的，还是被其他兄弟挤下来的呢？以前听老人们讲过，麻雀的生存也很残酷，有的虽是兄弟，但为了能够抢占父母的美食，尽快成长，往往会不择手段，对自己的亲兄弟下手。它们几个会吗？

找到梯子，我把这只可怜的小家伙小心翼翼地送回洞里，并将门上的推拉玻璃推开。这样，即使门被关上，也不会影响麻雀夫妇出入厕所给子女喂食了。

第二天早晨，我再去厕所，又见到一只幼雀静静地趴在地上，一动不动——死了。我猜这只应该是昨天掉下来的那只。因为早就听说，掉了窝的小麻雀一旦沾了人的气味，即便再送归它的父母身边，老麻雀也不会要了。为什么？不得而知。但是通过这件事，印证了人们说的这种传说是真的。

此后的日子里，麻雀夫妇生育了一窝又一窝子女。尽管仍有小麻雀掉下来摔死，或者掉进茅坑淹死，但总体来说，长成成鸟者居多。院子里，麻雀一天比一天多起来，已经很难分清哪对是老麻雀，哪些是小麻雀了。如此，儿女成群，对于那对辛苦的老麻雀，也算是个慰藉吧。

又一天中午，太阳火辣辣地照着，暑气逼人，仿佛用火柴一点就能把空气点着似的。我刚躺下准备休息一会儿，便听见院子里热闹起来，遂起身来到玻璃窗前看究竟。

但见一只花喜鹊正在袭击一只刚出窝的小麻雀。小麻雀虽羽翼丰满，却飞不起来，只是一个劲地利用西红柿和黄瓜秧的遮挡，巧妙地躲避着喜鹊的攻击。它的父母，也就是那对老麻雀，急得上蹿下跳，一会儿飞到小麻雀的身边抖动着翅膀示威护佑，一会儿又不顾一切地迎面向喜鹊冲去，愤怒的叫骂声一声接着一声，从未间断，却也未能有效阻止喜鹊锲而不舍地进攻。

看到这一幕，我惊呆了。我听说过喜鹊食腐，还从未听说并看到过它们有袭击其他鸟类的恶习。是饿的，还是另有隐情？

喜鹊很执着，对老麻雀的阻拦不屑一顾，一次又一次从南房屋顶跃下去啄食小麻雀。见喜鹊不肯善罢甘休，又见老麻雀护子不力，我于心不忍，毅然出门去帮助这对邻居。然而，纵使我拿着竹竿对着喜鹊挥舞不停，也没能将其驱离。喜鹊迫不得已，只

是离开了屋顶,飞落在街门口的电杆上,仍旧对着院子虎视眈眈。看样子,它并不打算离开。于是,我又出门撵到巷子,并捡了小土粒用力向喜鹊掷去,才迫使它恋恋不舍地飞走了。

晚上,和朋友聚会后回到家,忽然想起白天被袭击的小麻雀,就开了院灯,拿了手电筒去找,没想到,不大的院落,来来回回找了几遍后,才在一株西红柿秧的分枝上找到它。小麻雀默默地卧在那里,在西红柿叶子的遮蔽下,隐藏得天衣无缝,如不细看,很难发现。那一刻,我对小麻雀的聪明由衷地击节叹服。

我把小麻雀捉回家,在明亮的灯光下,才看清它的一只翅膀掉了羽毛并受了伤。估计这就是它总飞不起来的原因。在妻子的帮助下,我在小麻雀的伤口上撒了些许消炎药后,重新把它放到西红柿秧的枝杈上……

次日,再在院子里寻找小麻雀,已不见其踪影。也许,它的伤口好了,振翅飞走了。也许,它被路过的野猫吃掉了,这不是我所期望的。

不知不觉,树上的叶子掉光了,寒风一天紧似一天。冬,来了。

"把那个麻雀窝堵了吧,我一看到小麻雀死在厕所,心里就好几天不舒服。"有一天吃饭时,妻子对我说。

"那就堵了,它们会找到新的栖身之所的。"我说。

可是,洞堵了,院子里的麻雀却并未见减少。墙头屋顶,每天都有十几只麻雀蹦来蹦去。

也许,这还是那对老麻雀和它们的子女吧。

麻雀也恋旧?麻雀也重感情?

那墙，那砖

夏日的余晖里，我清楚地听到墙砖痛苦的呻吟。它们经历了多少凄风苦雨？又目睹了多少生灵涂炭？因何至今仍隐隐作痛？风徐徐吹来，从北魏的金戈铁马中吹来，从辽代的猎猎厮杀中吹来，夹杂着血腥味，裹挟着战鼓声，划过天空，划过大同古城墙。

我轻轻地走在大同古城墙上，唯恐因自己的大步行进，而增加了墙砖的疼痛。霞光万道，犹如万千只纤手，轻抚着我探寻的目光，也抚慰着那一块块饱经沧桑的墙砖。那些丝丝缕缕的线条是战火燃烧后的遗迹，还是墙砖默默留下的泪痕？那些斑斑驳驳的浅坑是战马踏出的伤疤，还是岁月刻下的印记？

"山围故国周遭在，潮打空城寂寞回。淮水东边旧时月，夜深还过女墙来。"（《石头城》）原来，刘禹锡眼里的城墙也是如此悲凉。血色黄昏里，望着鳞次栉比的高楼，望着车水马龙的公路，望着绵延不绝的城墙，望着餐风饮露的墙砖，我的思绪久久不能平静。

其实，大同古城墙重建是近几年的事，并不古。古的是那些墙砖，古的是那些故事。

据说，清顺治五年（公元1648年），镇守大同的明将姜瓖降清后又于这一年反清。于是，摄政王多尔衮调兵遣将围攻大同

城,但屡战屡败。之后,多尔衮亲率精兵出征,却因城高池深,防御严密,虽动用了红衣大炮,仍久攻不下。后因城内粮尽矢绝,步将杨振威叛变刺杀姜瓖,清军才得以入城。清军入城后,为了泄愤,不但屠城,还把城墙削掉了5尺,称作"斩城"。从此,大同城墙元气大伤,威风锐减。

数年前,大同市重建古城墙时,为了重现明代古城墙的风貌,修旧如旧,政府广泛回收流落在民间的古墙砖,才使得今日大同之城墙,古色古香,古风古韵,古朴自然又不失精致华丽。

大同古城墙砖长约41厘米,宽约20厘米,厚约11厘米,远比我家乡的那些古墙砖大得多。印象中,老家的堡门楼和张家大院、赵家大院的街门洞,大多是清乾隆、咸丰年间建成的,墙砖虽然不比大同古城墙砖年代久远,但是也很古,同样浸透着人间的烟火和光阴的气息。

当时的农村,能够盖得起砖瓦房的人家必是当官或者经商的富户。且不说那些雕梁画栋、飞檐翘角,单是那些不同凡响的墙砖就足以震撼人心,引人入胜。

小时候,我经常登上堡门楼眺望,或者在门洞里玩耍。每每那时,总会下意识地抚摸那些厚实、圆润的古墙砖,或者把头贴在白黄色的古墙砖上,倾听村庄遥远的诉说、土地沉重的叹息和风儿轻声的呼唤,以及商贾车队经过时哒哒作响的马蹄声,感觉就像穿越了时空,摸到了韶华。

我儿时的老宅子是土坯房,土墙,土地,土顶,浑身上下不见一块砖,典型的穷苦人家。可是院子里却铺着青砖,有条形的,有方形的,着实让人纳闷费解。可能是天长日久、风吹雨淋的缘故吧,院子里的砖块有的被一层薄薄的泥土掩盖着,埋在地下；有的裸露在地表，向后人昭示着这里曾经的繁华。因为是砖院，即使降雨的时候，我们也可蹦蹦跳跳地去厕所方便，不像土院的人家，得等雨停了好长时间后才能去解手。如果实在憋不住，只得踩上厚厚的两鞋泥。

现在生产的砖块，多为又薄又小的红砖。质量好的有黑心，听说是加了煤渣烧制的，倒也坚固耐用。走遍城乡，无论是新建的高楼大厦还是低矮的房舍，几乎都是红砖红瓦，造型简单，结构单一，远不如以前的古建筑讲究。

故乡的殷家庄村有一处明清期间的古民居，九个院落相通相连，按北斗七星状分布，人称"七星院"。由于工作关系，我数次随同各级领导走进七星院，近距离感受它的美轮美奂和匠心独运，并被其精美绝伦的艺术风格和高贵典雅的建筑特点所震惊。

七星院应该算是北方古建筑的杰出代表。在这里，门楼、墙裙、悬鱼、柱础、上马石、报鼓石、花窗格、木雀替及镂空的花、草、鸟、兽等古建筑格局应有尽有，形态多样，栩栩如生，豪华之中透着威严，气派之中透着含蓄，令人目不暇接，赞叹不已。特别是座山照壁的砖雕，无论是正脊还是两侧的垂花柱，中间的倒挂楣子、檐枋、五福捧寿，或刻着蝙蝠、麒麟、狮子，或刻着荷花、石榴、葵花，或刻着羊、鹿、蝶……无不惟妙惟肖，巧夺天工。

在这之前，我见过砖雕，但多是简单的。诸如房前屋后檐下的饰品、堡门楼上的门簪，要么雕个八瓣梅，要么刻个古钱币，仿佛不是用来装饰的，倒像是用来解闷的。直到看见七星院的砖雕，才大开眼界，并对砖有了新的认识。

或许，砖就是砖，它们的价值与外表无关，与位置无关，重

在操守,重在贡献。它们不论被放置到哪里,都会忠于职守、安于现状,默默无闻、任劳任怨地干好自己的本职工作,且不计代价。这让我想到了军人,想起了军营里流行的一句顺口溜:"革命军人一块砖,哪里需要哪里搬。"这句话,不但表明了他们坚决服从命令、听从指挥的坚定信念,而且表明了他们甘愿为国家奉献青春的豪情壮志和无私情怀。

不可否认,士兵如砖。他们或被置于长城站岗放哨,或被调到边关戍边卫国,或被遣至战场浴血拼杀……他们有着砖一样的优秀品质,砖一样的牺牲精神,砖一样的高尚情操!

如此,我们没有理由不向他们致敬!也没有理由不向像砖一样默默奉献的人们致敬!

那山,那水,那人

统考结束不几天,我便心绪不宁地追随连队来到了工地,来到了那依山傍水的乡村。村子比较大,到处遮掩着绿荫,清风吹来,到处是哗啦啦的响声,到处是哗啦啦的笑声。

这儿的山,高峻秀美,魅力无穷。每当我登上那山,就有一股飘然若仙,置身于海上的感觉,如同徜徉在美的诗境里,陶醉在歌的旋律中;山暗处,幽深静远,连接一条条突兀逶迤的山路,给人以爽身静气的快感,致使我每每想起"曲径通幽处……"

这儿的河,平时细流涓涓,清澈鉴人,几条小鱼,再配上那圆滑的鹅卵石,构成一副独特的水墨画,但一到暴雨天,洪水如同骜桀不驯的脱缰野马驰骋而来,排山倒海般,汹涌着,怒吼着,夹杂着枯枝朽木,泛着泡沫,纵横决荡,锐不可当。

这就是那山、那水的美,一种粗犷的美,一种恬静的美,一种外露却又有着内涵的美。但留在我心灵深处的不是山水之美,而是村民那朴实、憨厚、勤快、乐于助人的美。

我们的房东是对中年夫妇,精干,勤劳,快人快语。他们家有电视机和几套不太合时的家具;院子里有配带电泵的压水机(我们想挑水做好事的想法也落空了),吃的几乎顿顿是细粮。他们待人非常和善,对我们非常关心,视若亲兄弟,用他们的话讲叫作"军民一家人"。

  到这儿几天后,我便染上了痢疾,发烧、头痛、恶心,浑身绵软无力。这下可忙坏了房东大嫂——等给他们全家人做熟饭后,再忙着做我的病号饭,有时是蛋汤,有时是大米稀饭或者面条,再来个小炒,加上几瓣蒜……看着房东大嫂那忙碌的身影,我的病似乎已好了多半儿。

  现在,我们已回到军营了,但,那山、那水,那可亲可敬的房东大哥、大嫂的形象,却并未因地点的转移而从心灵的画板上抹掉,并且更加清晰。

  啊!那山,那水,那人。

南飞的大雁

一

天气逐渐转凉,大雁开始飞向南方。它们的目的总是那么明确,它们的信念总是那么坚定,它们的意志总是那么坚强,从不动摇,从不迷茫,从不彷徨。

二

我是一只掉队的大雁,尽管我的翅膀已经受伤,尽管弓箭的响声还在耳旁萦绕,尽管我形单影只,可什么也阻止不了我对温暖、对幸福、对美好的渴望。我奋力地扇动,扇动着带血的翅膀。

三

迎头的风越来越冷,越来越猛,试图斩断我奋飞的翅膀。它们总是这样,总是这点伎俩,不扫掉树叶显摆一下,不荡起尘土混淆视听,不要足淫威,就找不到得意的地方,就以为万物已将

它们遗忘。

四

太阳还是那么火热,温暖就在前方;天空还是那么晴朗,光明就在前方。我奋力地扇动,扇动着饱经风霜的翅膀——虽然体力有些不支,虽然困难重重,但我对前途依然满怀信心,对未来始终充满向往。不由地,我长鸣一声,向着雁群飞去的方向……

女儿的高考

高考逼近,即将"临阵"的学生们心理压力陡增,家长们的心也跟着悬了起来,不知所措。特别是那些平时学习成绩不佳的学子们的家长,恐怕早已坐卧不宁。

我就是这坐卧不宁中的一员,不仅如此,心里还特别纠结,不知该如何面对女儿的高考成绩,更不知该如何帮助女儿决定她今后的就学选择,以及为期不远的工作道路——我想,今年的成绩或许会决定她以后的人生命运。

女儿是2007年顺利考入县一中的,成绩虽不是优秀,却也进入数一数二的"英才班"。这个班的师资配置相对较高,加之班主任又是同乡,应当说,学习环境极佳,优势明显。开学伊始,妻子极力说服女儿参加了学校的舞蹈班,为的是矫正她略微凸出的驼背。尽管我坚决反对,但终究制止不了,只好顺从她们。很快,一个学期转瞬即逝。班主任反映女儿的学习成绩下降得非常厉害,已经从一名中等生变成了倒数第几名。我再次力劝妻子,让女儿退出舞蹈班。这次她没有反对,却也没有答应,只说等下个学期再考虑这个问题。

第二学期,我三番五次地和妻子商量,让女儿退出舞蹈班,

因为女儿读的是理科,不准备走艺术学院。然而她始终不置可否,认为高一的学习应当是轻松的,参加舞蹈班,不会影响到学习。最终决定让女儿退出舞蹈班,是班主任的话起了作用。班主任对妻子说,女儿已经成为全班最后一名、全年级600名之后,如果想让她上大学的话,赶紧退出舞蹈班。当时,妻子也认识到了问题的严重性,同意女儿退出舞蹈班。可是当女儿向学校提出要求时,学校不同意立即退出,只同意下学期退出。用他们的话讲,学校元旦有演出,而女儿已经排练了好几个舞蹈,中途换人,会影响到学校元旦期间的演出安排。无可奈何,只好按学校的意思办。

岂料,到了高二,女儿虽然退出了舞蹈班,可是学校的一些演出活动以及学校组织到社会上的演出活动,只要有她以前排练的舞蹈(几乎每次都有),学校仍旧让她参加。据我了解,当时参加舞蹈班的学生,功课普遍差。"近朱者赤,近墨者黑",基于上述认识和学校的不合理做法,我们向校方表达了坚决反对女儿再参加舞蹈表演的意思后,女儿才正式退出了学校的舞蹈班。

尽管后来班主任给予女儿很大的帮助,女儿也专心地投入到学习之中,然而学习成绩却如同一个人拉着重车上陡坡,举步维艰。在2010年的高考中,仅考出319分的成绩,名落孙山。

鉴于她的高考成绩相当低,即使再复习一年,也提高不了200分(印象中,当年的二本录取线在520分左右),我决定让女儿去读专科。可是妻子不同意,她说自己念的是大专,无论如何得让女儿读本科。女儿也表态要好好学,想坐到高二跟班学,巩固巩固基础再考。最后我们同意了女儿的决定。

可是 2011 年,她只考出了 409 分的成绩,再次败北。妻子不甘心,让女儿继续复习,大有不考上二本誓不收兵的阵势。然而,女儿的学习成绩始终在 450 分左右徘徊,很难如愿。

"财帛儿女争不得气。"作为父亲,我爱莫能助,只能默默地为她祈祷、等待着奇迹的出现。可是高考有奇迹吗?

亲　戚

在北方，霜降一过，就少有好天气了。树叶簌簌落着，田野一派肃杀，几乎所有的植物都走到了生命的尽头。此时，风开始强硬起来，甚至像强盗一样，想抽谁就抽谁，想打啥就打啥，我行我素，蛮横无理，没有一点儿商量的余地。

行走在这样恶劣的天气，人为刀俎，我为鱼肉，只能任其宰割。有人可能认为碰到了躲一躲为好，殊不知有的事情是不能躲的，何况，又要不了命。躲了，便少了礼节；躲了，便没了人味；躲了，便失去了亲情……就是在这样的天气，我回到了坐落在壶流河畔的老家东崖头村，去吊唁一位逝去的大嫂，任凭冷风裹挟着黄土摔在我的脸上，灌进我的脖子，将我冻得瑟瑟发抖，鼻涕几欲流成"粉条"。

其实，近年来，我很少回老家了。自从双亲和哥哥先后辞世，与父亲同母异父的叔叔也"走"了以后，老家就剩下一个兄弟聊以牵挂。而他，由于家庭贫穷及自身原因，年届五旬依旧孑然一身。就连父母留下的土地，也早已被他低价卖掉，真正成了一个了无牵挂的人。作为农民，土地是他们的根本，只要有地，就不愁温饱。到现在我也想不通，他何以穷困潦倒到了卖地的程度？如此，没了土地的兄弟几乎常年在外打工，却不见攒下钱。即使挣下了，年底归乡，年后再走时，又变成了穷光蛋，甚至还欠下一屁股"饥荒"。原来,兄弟嗜赌如命,只要身上有点儿小钱,就会追着老家周边的"宝摊"(赌博)转,几场下来,无不输得一贫如洗、一塌糊涂。好在近两年,他有了迷途知返的迹象,懂得经营自己的人生了——挣钱回来,不再去"宝摊"孤注一掷试手气,而是借助"危房改造"的东风,拆掉摇摇欲坠的破旧老屋,盖起三间明亮的新房,并于今年圈了院墙,打了"散水",铺了走道,真正过起了日子。虽然屋里缺位"当家的",但这并不影响人生,更不影响生活,这才是一个人该有的态度、该有的样子。

有的夜里,睡不着觉的时候,我会想很多事情,有时想着想着就想到了兄弟的头上——是什么力量改变他的呢?是年龄危机?是朋友劝说?还是政策助力?或许这些原因都有,但我想,改变他的,归根结底是故乡。人们常说:父母在,家在;父母去,家无。对于没有妻子儿女的兄弟而言,家早就没了,这也许就是他多年来颓废的主要原因之一。好在,家没了,故乡还在。有故乡,就会有念想儿。故乡乃大家,是兄弟的家,也是我们的家。故乡在改变,也在改变着我们。

故乡亲人少了,亲戚却不少。因此,时不时地,我还是会回到老家,去参加他们的婚丧嫁娶,重温久违的亲情,重拾儿时的记忆,回顾那些快乐无忧的旧时光。特别是遇到了发小,会一起怀念曾经玩耍的岁月、逃学的情景、偷瓜时被抓的狼狈不堪……沉浸在这些回忆里,觉得什么也是美好的,什么也是幸福的,什么也是温馨的——久久不愿回到现实中来,互相对望渐渐苍老的面容。

在老家,我的亲戚主要有两方:一方是父亲的亲戚;另一方

也是父亲的亲戚。具体地说,一方是父亲的亲生父亲的亲戚;另一方是父亲的继父的亲戚。由此看来,奶奶无疑是改嫁过来的。的确,奶奶的原配,也就是父亲的亲生父亲姓阮,本不在我的老家,由于我不知道的原因,父亲的父亲走后,奶奶经人介绍又从别的村庄嫁到了老家的尉家,而老家的阮家本来就和父亲的父亲是一脉相承,这样一来,往来不曾中断,反而有所加强。小的时候,我是不知道这些复杂的因素的,只知道,不论是阮家还是尉家,不管哪方有事,喜事也好,白事也罢,都要参加。我深知,亲戚是血,而血浓于水。

母亲在世时,常说,父亲"一支两门"。随着我年龄的不断增长和一些知情人的透底,才知晓了父亲的身世,明白了母亲话中的意思。这时,我已成年,既清楚了自己的身世,也对于许多事情有了自己的认知和判断,孰是孰非,孰好孰坏,自然明白无误。

在老家,但凡有长辈过世,按照习俗,晚辈是必须去"烧纸"、"穿白"、排队拄"丧棒"的。记忆中,无论是阮家,还是尉家,只要有亲戚去世,我们弟兄几个就会在父母的安排和催促下,郑重其事地前往凭吊、祭奠,不敢有丝毫的懈怠,唯恐因一时一事的疏忽"惹"下了这个亲戚。

2002年,八十二岁的父亲因病去世,亲朋好友闻讯纷纷放下手中的活计前来帮忙。到了"送路"的晚上,亲戚们自觉拿起丧棒加入"送路"的队伍,其中有阮家的也有尉家的。由于亲戚不是一门,排序看上去有些别扭,但是没人太在意。也是,为故去的人送行,都是冲着那份浓浓的亲情来的,至于次序,是次要的。排队的亲戚中,阮家多些,尉家亲戚只有两三个"深明大

96

义"的人。其余的，要么在烧锅炉，要么在帮厨，要么在干别的活。尽管如此，我的心里很不是滋味，我多么希望他们能弯下腰送父亲一程啊！但是，并没有往心里去，在往后的岁月里，不管哪个亲戚辞世，我们弟兄几个照例会像以前一样前去凭吊，该帮忙时帮忙，该排队时排队。到了2013年，母亲走后，我发现"送路"的长队中，尉家亲戚较之前明显多了——这大大出乎我的预料，让我的心里好一阵子温暖。

亲戚就是这样，没事时看不出他们的关系，一旦有事，少有袖手旁观的。老家亲戚中，我的同龄人有好几个。我们一同出生，一同游戏，一同上学，一同长大，也一同感慨。这次，大家一起祭奠这位逝去的大嫂时，你看看我，我看看你，说，老了，老了。接着，不无感伤地说："以后，咱们排队挂丧棒的机会越来越少了。"我细细一数，可不，长辈只剩下三个人了，真是岁月无情啊！继而，一阵悲凉袭上心头。自己挂丧棒的机会少了，也就意味着，过不了多长时间，也许二十年，也许三十年，甚至四十年之后，就该轮到晚辈为我们挂丧棒了。

说话的工夫，太阳正从西边落下，余晖中风尘再起，呼呼的，刮得眼睛一下子就湿了。

秋深芦花白

一个秋日的午后,百无聊赖的我穿过已经收割的田野,穿过略带微凉的秋风,信步走向壶流河湿地下游,走进《诗经》中似露似霜的苍苍蒹葭,去寻找尘封的记忆。

远远望去,一穗穗、一簇簇、一片片芦花,波浪一样翻滚着,河流一样奔腾着,火焰一样跳动着,忽急忽缓,忽高忽低,前呼后拥,前赴后继,蔚为壮观。仿佛刚刚下就的一场皑皑白雪,在蓝天的映照下,把周围浑黄的旷野装点得分外妖娆,又不失高远的况味。又好似银色的月光洒满沿河两岸,清幽、淡泊,又不无风流倜傥。

此时此刻,不能不想起唐代诗人雍裕之的《芦花》:"夹岸复连沙,枝枝摇浪花。月明浑似雪,无处认渔家。"不能不想起那首看似简单,却又充满神韵的《咏雪》:"一片二片三四片,五六七八九十片,千片万片无数片,飞入梅花总不见。"

近前,也许我的脚步重了些,惊得七八只野鸭扑棱飞起,朝着河水的上游飞去,并迅疾化作一排逗点。麻雀不为所动,依旧在芦苇上跳来跳去,叽叽喳喳的,似乎在争议芦花的苍凉和美丽。

壶流河至此,已气若游丝,但在几个拦河坝的作用下,河水依旧充盈河床,清亮,澄澈,涓涓不断。由于这里偏僻,且少有人踏足，故显得格外宁静、寂寞。难怪野鸭及其他水鸟喜欢在此逗留嬉戏，甚至安家生子。我想，如果是繁殖的季节，或许在芦苇丛中找到鸟窝抑或鸟蛋，应该是不费吹灰之力。

仔细观看，一根根芦苇亭亭玉立，蓬蓬勃勃，柔韧不屈，倩影婆娑。芦花顶出，白色中夹杂着星星点点的褐红，宛若古代将军头盔上的盔缨，威武、飒爽，气度非凡。叶子利刃般旁出，乍一看，与竹叶无二，犹如武士腰间悬挂的佩剑，锋芒毕露，寒气逼人，气势凌然。

沿岸及水中，除了芦苇，还有蒲草，浩浩汤汤，俨然一支庞大的队伍。洁白依傍着黄绿，黄绿糅合着洁白，挥挥洒洒，成线成片，成点成面，仿佛一幅凝重的水墨丹青，气韵生动，意境深远。与其说是苍凉，不如说是飘逸；与其说是单调，不如说是清淡。

有水的地方，就有芦苇。家乡素有"塞北水乡"的美誉，因此，故地不缺芦花，亦不缺摇曳的风姿。而我的老家就坐落在壶流河畔，茂密的芦苇遍及大河上下，好似一条长长的哈达，绵延不绝，承载着我的无限憧憬，也承载着我的美好梦想。

芦花更像是深藏在心中的佳人，芳姿绰约，楚楚动人，尽管从未吐露心迹，但对她的思念，从来没有因为年代的久远而模糊，也不曾因为时间的流逝而忘怀。留在心灵深处的，除了无尽的相思，还有淡淡的哀怨。就如宋人柳永在《雨霖铃》一词中写的："多情自古伤离别，更那堪，冷落清秋节！今宵酒醒何处？杨柳岸，晓风残月。此去经年，应是良辰好景虚设。便纵有千种风情，更与何人说？"

可惜，年幼的我们还不懂得怜香惜玉。那时，芦苇丛就是我

们的游乐场,芦花就是我们信手拈来的玩具。小朋友们折了苇秆做芦笛,摘了苇叶做小船,采了芦花做扫把,嬉闹声从一片云絮荡漾到另一片云絮,似乎永无休止。甚或,故意用脚踩倒一大片芦苇,然后故作惬意地躺在上面,美其名曰"睡凉席"。现在想来,那时的快乐虽然简单,却也无知;虽然单纯,却也过于随意。

忽然,一阵悠扬的歌声打断了我的思绪:"芦花白,芦花美,花絮满天飞,千丝万缕意绵绵,路上彩云追……"循着歌声望去,原来是一个系着红丝巾的少女,在不远处的玉米地里,一边捡拾着遗落的玉米,一边放声歌唱。

掏出手机一看,方知我在芦花丛边已伫立了好长时间,遂折身回返。走出一段路程,忍不住回头再看,眼前的景色依然云烟缥缈,依然波澜壮阔,还是那么让人着迷,还是那么让人留恋。这哪里是芦花,分明是书写在大地上的温婉的诗行,洋溢着青春,洋溢着柔情,洋溢着醇香,怎不令人心旌摇曳,满怀思念?

善 感

　　这几年,我一直在思考一个问题,谈不上殚精竭虑,也够得上苦思冥想了。那就是善感对于一个男人来说到底意味着什么?也就是说,一个男人有了这种赋质或者说秉性是好事,还是坏事?之所以思考并谈及这个话题,是因为我是一个十分容易动感情的男人。

　　善感,不用解释大家也清楚是什么意思,因而这里便不赘述。它的最直接也最直观的表达方式,就是动情落泪。有时涓涓细流,有时泉涌而出,有时涕泄滂沱。不管哪种方式,思想不丰富,不触及心灵抑或灵魂,不引起内心世界的震动,达不到共鸣……人的眼泪是不会那么轻易掉下的。

　　说到这里,我不是说不落泪的人就没有情感,没人情味,思想不丰富。当然,流泪的人也不一定都善感。善感和伤心是有着本质区别的。有些人,由于意志坚强,即使遭遇莫大的伤心或者感动,也不会落泪,因为他们能抑制得住。这是道行,不是一个人想学、想练就能修成的。

　　而我,遇到伤痛或者激动、感动的时候,是决然控制不住情感的。多数时候会潸然泪下——默默地,任泪水肆意冲荡。有时,也试着抑制过,但成功不了。就拿看书或者看电影、看电视来说吧,看着看着便会被故事情节感染,继而不由自主地泪流满

面。也许,这和我喜欢看一些悲剧色彩的故事有关。如果那种情景或者场合另有他人在场,便会努力控制。不成,便装着眼睛不舒服,别过头去,掏出手帕轻拭。若是闸门实在关不住的话,又不想失态,就会悄然起立,脱离书本或者走出场外缓一缓情绪,然后回头再看。可是等回来再接着看时,仍会泪流不止。那时,也只能自言自语地说:"真是一部好作品!很感人。"以作解嘲,避免让别人说自己没出息。

我想,像我这么容易落泪的男子也许算不上"大丈夫",可这种泪水低贱吗?古人都说"男儿有泪不轻弹",可见我的善感落泪是不足道更不足取的。也许这种感情是制约一个人搏击长空、大展宏图的重要因素之一。由此,我想到了刘备。尽管他落泪能取荆州,在诸葛亮的辅佐下,雄踞一方,成就了一番功业,历史留名,但终究没有成就霸业,一统全国。与临危不惧、笑对天下的曹操比起来,委实差得很。

这是我对善感的一面认识,比较粗浅,可能片面些,是构不成独特的理论观念的。因为目前我还没有详尽地掌握这方面的相关资料或事实依据,姑且先这么认为了。

也许,善感是一种好事。起码善感的人懂得关心人、体贴人、尊重人、同情人,特别是懂得情深无价。人们常说感天动地,靠什么呢?靠干劲?靠才华?靠帅?靠靓?靠媚?不见得。我以为主要是靠情,靠善感。

生长的声音

父母辞世后,我极少回老家东崖头村了,即使回去,也是去墓地祭拜,而无家可回了。那个伴我成长的家随着父母的先后离开,已经名存实亡。

田野更是去得少了。以前去是为了帮助父母劳作。春耕时,或施肥,或撒种;秋收时,或割谷子,或掰玉米;中间,也就是夏天,还要灌溉、锄地……虽然脏些累些,但心甘情愿。作为农民的儿子,能为年迈的双亲干些力所能及的农活,从一定程度上减轻他们的负担,是一种由衷快乐的事情。

那时,虽然泡在地里的工夫多,近距离接触庄稼的机会也多,却从未认真观察过它们。种子播下后几天发芽并长出地面?长多大开始间苗、锄地?几月夏浇最合时宜?入秋多久颗粒开始饱满成熟?对此我从未上心。人们往往是这样,越是熟悉的东西越熟视无睹。就如同亲人对待自己的好,从不在意,只有失去或者分开后,才会觉出那份浓浓的情意。

庄稼"嘎巴嘎巴"拔节的声音倒是记忆犹新。每当夜幕降临,它们清脆的声音就会在夜空响起,在酣睡的村庄里穿梭,在乡亲的美梦中飞行。特别是一场透雨或者灌溉之后,它们就会铆足了劲生长,好像在进行一场竞赛,争先恐后,当仁不让。

如果恰恰是那几天来到庄稼面前,你会惊喜地发现,原先低

低的、矮矮的，像一湾浅水，深不过膝，波澜不惊的样子不见了。就连肤色绿中泛黄，少光泽，缺生气，给人营养不良的感觉也消失殆尽。摇身一变，由小女孩长成了大姑娘，袅袅娜娜，亭亭玉立，没有了以往的矜持和腼腆。远远望去，烟波浩渺，碧波荡漾，俨然一片汪洋。

起初，我以为庄稼的生长和人一样，是在潜移默化中进行，不为人知。直到有一天午夜，我拿着手电筒跟随父亲去浇地，才发现庄稼的生长是有声有色的。那天晚上，我走走停停，被来自夜色中不绝于耳的"嘎巴"声所吸引。当父亲告诉我，那神秘的声音是庄稼的拔节声时，我才知道，庄稼生长多在夜间进行，是一件很庄重的事，严肃、低调。

那一阵子，我非常痴迷庄稼生长的声音，像恋上了一个可人的女子，不再害怕黑夜，不再害怕猫头鹰瘆人的叫声突然响起，着了魔似的，一次又一次走进夜晚，一次又一次走到地头，坐在长满青草的水渠边，或者田埂上，一边仰望满天繁星，一边倾听庄稼歌唱。一段时间之后，我甚至能区别出哪一声"嘎巴"来自玉米，哪一声"嘎巴"来自谷黍。诚然，有时听着听着也走神——默默地想心思，在黑黢黢的旷野里，此起彼伏的拔节声倒成了背景音乐，旋律、节奏都被忽略了，唯有思绪在夜色中闪烁，跳跃，回旋……

我始终认为，除了婉转的鸟鸣和潺潺的流水声，庄稼拔节的声音是我听到的来自大自然最美的声音。它像一支如泣如诉的小夜曲，或轻柔、舒缓，或悠扬、缠绵，或凄婉、哀怨，让人如痴如醉、欲罢不能。不像风声，尤其是西北风，呼呼的，拿着小刀子想把我千刀万剐了似的，听着就不寒而栗，听着就厌烦透顶。

还有雷声，我也不喜欢，特别是霹雳，听着就心生恐惧，听着就毛骨悚然。

前不久，结识了一个网友，歌唱得美，声音清甜圆润，温婉动听，吸引着我，听了一遍还想听一遍。每每那时，我总是不由自主地想起庄稼清脆的拔节声，想起那一片片绿油油的玉米地，想起那些清清爽爽的夏夜，想起我一次次走进田野心醉神迷的情景……

看来，庄稼生长的声音已在我的心底扎下了根。

看来，我和庄稼的缘分未尽。

水上草原

我居住的小城城东,有片壶流河湿地,四周长满丰茂的水草,郁郁葱葱,与草原无异。

傍晚时分,我经常去湿地静坐,在那里默默地看水草,默默地吹凉风,默默地想心思,于夏日炎炎中独享那一份凉爽和清幽。而且,每一次走近,都会被其苍苍茫茫的景色所吸引,被其波澜壮阔的画面所震撼。

水草多为蒲草。它们细密整齐地排列着,就连间距也相差无几,就像人工栽种似的,同玉米没有多少区别,一棵棵昂首挺胸,笔直站立,仿佛列队的士兵,或整装待发,或在等待首长的检阅。唯一明显的不同,就是玉米生在陌上,它们长在水里。

这里的每一片水草中央或者边缘,都有一湾清水缓缓流过,或窄或宽,蜿蜒曲折,留白一样,衬托着这幅浓郁壮美的水墨丹青,使得葳蕤的水上草原更具风韵,更富诗意。

放眼望去,一片片水草首尾相连,绵延不绝,好似浩瀚的海洋,惊涛拍岸,蔚为壮观。"接天莲叶无穷碧,映日荷花别样红。"此时,如果用杨万里的这句古诗来形容这片烟波浩渺的水草的话,我想当不为过。遗憾之处,就是少了亭亭玉立、千娇百媚的荷花。

　　有时，我会盯着水草注视很久，静静地看浅水在它们的脚面涓涓流淌，静静地看小鱼儿在清亮的流水中怡然自得地游来游去，觉得它们比我幸福——一种超凡脱俗的幸福。

　　还有岸边的野花，我觉得它们也很幸福。黄色或者白色的小花肆无忌惮地怒放着，既不羡慕远方香气袭人的芍药，也不妒忌近处无忧无虑的小鱼，处事不惊，坦然自若，虽身处郊野，却也充满无限情怀，令人顿生钦佩之情。

　　来到湿地，最惬意的就是享受风儿的抚摸。当微风拂过，犹如乐曲在湿地上空悠然响起。伴随着节奏，一棵棵一丛丛一片片水草，齐刷刷扭腰肢，齐刷刷甩秀发，就像跳广场舞的大妈们，陶醉在优美的旋律中，沉醉不知归路。

　　湿地的住户很多，水禽也在这里找到了安身场所。在有关部门和爱鸟人士的大力保护下，这里已经成为水鸟赖以生存的家园。它们每天都在高声歌唱，歌唱这片丰沛的水域，歌唱丰衣足食的生活……尽管如此，它们仍然保持着高度警惕，除白鹭在空中翻飞盘旋、野鸭三五成群地在水上游弋外，其余皆隐匿在水草深处，只闻其声，不见其形。但从啁啁啾啾的叫声中不难听出，水鸟至少有十几种。而我只熟悉一种，那便是苇莺，我们叫它"苇喳子"。"呱呱唧，呱呱唧"，每当听到它响亮的叫声，我就会回想起儿时和小伙伴们在老家的小河里，一起游泳，一起在水草中寻找鸟蛋的情景。

　　非常高兴家乡拥有这么一片风水宝地。置身这里，沐浴着徐

徐清风，聆听着婉转鸟鸣，眺望着水草起起伏伏，于寂寥恬静中再回首滚滚红尘，觉得功名利禄、香车美女、高楼大厦都是一缕青烟，已无足轻重。

也很庆幸，人们有了休闲观光的好去处。来到这里，心情定然放松，心灵决然清明，心气断然平静，于气定神闲中再回望喧嚣的小城，唯愿余生能像这水上草原一样，青春常在，平淡静美。

水神堂情结

水神堂是家乡少有的名胜古迹，位于城南一公里处，始建于明代嘉靖年间，主要建筑有灵应宝塔、圣母殿、文昌阁、百工祠、钟鼓楼等，占地不足八千平方米，如不细看，用不了半个时辰就转完了。水神堂虽然小而简，但却是全国文物保护单位，在广灵人的心目中占据着重要的位置，甚至，当地老百姓视其为圣地。

记得小时候，常有山东一带的人逃荒到我们县乞讨，一问才知他们那里遭了灾。家乡不然，尽管十年九旱，但基本上年年丰收。即使偶遇大灾，也不会颗粒无收，顶多减产而已，对人们的生存和生活影响不大。据说，原因之一，是因为环绕水神堂的壶泉经年累月充盈丰沛，并且流向附近的几个大水库，农田浇灌不成问题；原因之二，是因为干旱之年老百姓到水神堂能求到雨。

我从小生长在乡下，没见过大人们祈雨的情景。到了现代，国家倡导科学、反对迷信，就更看不到求雨的活动了。听老人们讲，当时的祈雨活动是很隆重的。祭品不但有鸡，还有羊头、猪头、牛头等人们想都不敢想的奢侈肉食。人们披红挂绿、敲锣打鼓，热闹非凡。有时还要摇铃念经，哼哼呀呀的，似乎在用老天

爷才能听懂的语言祈求上苍降水福泽广灵。说来也神，每每到水神堂求雨的当日抑或不几天，平舒大地就会迎来一场痛快的甘霖。

水神堂是广灵的名片，也是广灵人的骄傲。茶余饭后，人们谈论最多的当属水神堂；走亲访友，人们炫耀最多的还是水神堂。水神堂犹如一首可人的小诗，清新隽永，令人百读不厌；水神堂又似一坛陈年美酒，浓郁醇香，令人爱不释手。是的，毋庸置疑，倘若你到广灵来，不吃豆腐干是小遗憾，不逛水神堂才是大遗憾。就如同到了北京不转故宫，到了上海不逛城隍庙，到了杭州不游西湖，到了西安不看秦始皇兵马俑一样，会抱憾终身。

我第一次逛水神堂是在当兵后首次探家时，同几位同学一起去的。那天，大家久别重逢，喝了不少酒，并乘兴醉意浓浓地逛了水神堂，弥补了作为广灵人没有逛过水神堂的缺憾。那天也真是醉了，心情好加之景色秀美，我们玩到很晚才回家，可谓流连忘返。

自此，我又多了一份谈资——每当战友们聚在一起夸赞各自的家乡时，便会眉飞色舞地向他们说起水神堂的神秘妩媚，说起壶泉的波光潋滟，说起壶山台阶的浑然天成……以至于现在，也不忘向周边战友推介水神堂。尤其是每当外地战友来访，除了招待他们尽享广灵美味特产，还会带他们去水神堂沾沾灵气，领略一下"塞北水乡"的风姿绰约和亭亭玉立。

从部队转业回到故乡后，我逛水神堂的次数不由得多了起来。特别是自企业调至机关后，由于工作关系，经常跟随各级领导去水神堂调研，因此对水神堂的了解也就更加深入了。人们都说壶泉水矿物质极其丰富，清醇甘洌，是泡茶的绝佳用水，可惜我至今也没有喝过。虽然领导们在水神堂调研并稍作休息时，有时会用壶泉水沏茶喝，我是有机会喝上几口的。

不言而喻，家乡人对于水神堂的情结，其实就是对于壶泉水的情结。壶泉由数百个泉眼涌流汇聚而成，碧波荡漾，清澈见底，即使严冬也不会结冰封冻。因此，在泉水流出水神堂的下游，四季都能看到小媳妇、小姑娘结伴洗衣的情景。她们穿得花枝招展，洗的花红柳绿，成为水神堂又一道亮丽的风景线。

壶泉是水神堂的眼睛，更是广灵人的灵魂。你无法想象一个人缺少了眼睛、丢失了魂魄会是什么样子。可怕的是，这样的事情居然发生了。那年七月的一天，清明如镜的壶泉水迅速枯竭，几天内即干涸见底，昔日湖泊环绕水神堂古建筑的风貌陡然不再。百姓闻听，不敢相信，纷纷前往观看。当干巴巴、灰不溜丢的湖底真的呈现在他们面前时，一个个仿佛被掏空了似的，木然不知所措。孩子们看见他们昔日的乐园蓦地变了样子，哭着问家长："这是怎么了，怎么了？"

好在当地政府抢救及时，事发后，第一时间启动水神堂泉水复流与保护工作，积极展开基础调查、水位监测、物探及清淤等工作，并邀请省、市水利专家对水神堂地下水质构成进行研究、分析。同时，严格控制新打机井的数量，严厉打击违法取水行为，并对没有合法资格的机井进行回填，终于使得壶泉在断流近两个月后复流出水。

　　当"水神堂又有水了"的消息传遍大街小巷时，人们奔走相告，喜悦的心情不亚于过年——有的举杯，有的鸣炮，有的高歌，更多的则是来到水神堂，亲自迎接泉水从地下华丽回归，像欢迎失散多年的孩子重新回到父母的身边一样，相拥而泣，情不自禁。

　　经此一劫，水神堂元气虽略有损伤，却也基本恢复了往昔的风采和神韵。但是，今天拥有不代表终生拥有，如果不采取有效措施加以保护，水神堂及壶泉的存在就不会长久。

说不清的乡愁

几年没回老家,又有一些人像庄稼一样被"收割"了,有的留下了"根",有的没留下。留下"根"的不一定没有遗憾,没留下"根"的不一定有遗憾。

田野还是那块田野,村庄还是那个村庄。田野未见缩小,村庄也没有扩大,人们依旧遵循着春种秋收的规律,遵循着日出而作、日落而息的古训,没有改变。改变了的,是人们对待人生的态度和对生活的看法,还有地里种植的庄稼。

以前,村里生长着赵大爷、刘老伯、张叔叔,还有光棍汉老张他们。现在,他们都走了,成了村野上一个个小土包,向后人昭示着他们曾经来过。其实,人和庄稼没有多大区别,割了一茬又长一茬。正所谓"人生一世,草木一秋"。到了我这辈,种了多少茬,又收了多少茬,恐怕没人能记得清。知天命的我,也只能记着村里半个世纪以来的一些事情,或者是先人们口口相传的一点儿零星事儿,少得可怜。

记得小时候王二叔经常逗我,要么"拔萝卜"(双手托着脑袋往上提),要么弹脑壳,要么在我下象棋时,故意教我走错步,弄得满盘皆输。记得章大哥在夏日的河湾教我练习游泳的情景,教我如何将摸到的鲫鱼用柳条或者水草穿起来带回家。记得一位长我许多岁的武姓老哥,在我输掉我们之间的踢毽子比赛之后,

一次又一次对我不怀好意的惩罚……人就是这样，但凡经历过的有趣的事情，或者身心受到伤害的事情，总是记忆犹新，想忘也忘不掉。

以前，地里生长着大片玉米，也生长着大片水稻、小麦、甜菜和白麻……数十年前，甚至更早的时候，被彻底收割后，除玉米外，其他庄稼再无耕种。它们渐渐淡出老家的黄土地，淡出乡亲们的视野。有的也留下了种子，但是像蒲公英的种子似的，飘向他乡，飘向远方，从此远离了家乡。

我非常怀念甜菜，当地人称其为"甜苗"，那是我童年的记忆里最好的美食。大田里有了它，似乎我们的生活就有了保障——每当感到饥饿时，便会偷偷摸到地头，拔一棵充饥。那甜丝丝的滋味总能让人浑身舒畅，充满力量。特别是母亲用其熬制的焦糖，用来蘸玉米饼或山药蛋吃，香甜可口，回味无穷，熨帖着我的肠胃，也温暖着我的成长。

现在老家的田野，荡漾着清一色的玉米，郁郁葱葱中不乏单调，蔚为壮观中不失孤寂。就连前几年还种植的谷子、黍子、高粱，也消失殆尽。同飘到城市，飘到异地的年轻人一样，从此杳无音讯，脱离了故土。

但我相信，无论他们飘多远，无论他们改没改乡音，无论他们住的是楼房还是平房，无论他们是否仍在吃黄糕，他们的骨血始终改变不了，根依旧在农村，在一个叫东崖头的村庄。

我在外飘了十余年，从此城市飘到彼城市，飘来飘去又飘回了故乡。虽然最终没有落脚村庄，但县城离村庄很近，只要想回去，一支烟的工夫便到。因此，每逢清明、中元，抑或想念父母的时候，就会回到村里，来到坟前，摆上酒菜、糕点、水果，同他们说说我这些年的成长、变迁和收获,也说说同别人不敢说的心里话。

"昔我往矣,杨柳依依。今我来思,雨雪霏霏。"(《诗经·采薇》)当我重新飘回故乡,且随着年岁的日益增长,越来越觉得,人生在世,还是故土最温暖,小米最养人。起码在祭祀这件事上如此。我的侄子,还有其他漂泊在外的乡亲就不能如我一般,来去老家父母的坟茔,自由、方便。侄子远在深圳,很难做到每年回来祭扫一番他父亲的新坟。有一次,爷几个在一起豪饮,酒喝干时,他竟涕泗横流,道出想归乡的打算。不为别的,只为能到父亲的坟前多看上一眼,并插上一把香火。

或许,没有离开家乡的人不会有这种想法,也不理解这种想法。可能是晋北人太恋家的缘故吧,有同样想法的还有老家邻居的孩子。他们和我说起过,有朝一日,还要回到故里,不能仅为了自己生活的安逸,乐居他乡,而苦了旷野上那座储藏着父亲的"粮仓",任其长满荒草。

或许,成就子女的优秀,就得换来自己的落寞,孤苦得如同那些没有子嗣的光棍汉一样。世事就是这么残酷,非此即彼,岂能西瓜芝麻兼得?

绝大多数乡亲,一辈又一辈生活在那片黄土地上,从来没有离开过老家,就连身份也未曾改变。他们一代又一代接过父辈的锄耧耙,接过那片能生长"诗歌",也能长出"小说"的一亩三分地,让人间的烟火把自己反复熏蒸,直到成熟,弯腰,然后同样被收割,埋入地下,隆起一座新的"粮仓"。

一位农民发小不赞成我侄子的想法。他不希望他的子女像他一样,成为地里新的"庄稼",在风雨飘摇中艰难长大,然后垂

垂老去,等待被"收割"。他希望他们能"飘"出去,能"飘"多远算多远,哪怕将来自己的墓穴荒草萋萋,甚至被岁月夷为平地,无迹可寻,也心甘情愿。只要他们过得好。

这是他的愿望,可能也是孩子们的愿望。然而,当有一天,当艰苦成为谈资、衣食无忧的时候,当行动不便、老眼昏花的时候,不知他们会不会后悔,会不会被乡愁所困扰,所折磨?

人生有太多的矛盾,有太多的难以理解。就像钱锺书在《围城》里阐释的,城外的人想进去,城里的人想出来。

是坚守,还是逃离?又有谁能说得清楚?

思　念

　　思念是痛苦的,也是沉重的,无论亲人之间还是朋友之间……不管哪种,都相当折磨人。

　　没有情感就不会有思念。人和人之间如此,人和物之间也如此,日久生情。也有相处久了冷若冰霜的,人们称为"冷血动物"。这种人少,如果多了,别说人和人之间多了冷漠,整个社会也会少了温情,那将是人类的不幸。

　　思念往往发生在失去或者离别之后。当亲人、朋友不管由于何种原因突然离开——辞世或者远走他乡,从此阴阳两隔或者天各一方,永难相见或者难以相见,思念就会铺天盖地袭来,揪你的心、掏你的肺、占据你的脑海,不惜将人折磨得茶饭不思,坐卧不宁。更有甚者,从此陷入记忆的旋涡,不能自拔。

　　我的父母和兄长已逝去多年,可是对他们的思念并没有随着时间的流逝而消失。每当看到他们的同龄人,抑或见到听到关于父母和兄弟姐妹的画面或者话题,就会不由自主地想起他们,继而沉默良久,任凭思绪在以往的旧时光中穿梭搜寻,任凭思念的乌云笼罩在心头,巨石般压得人喘不过气来。时不时,他们会进入我的梦乡,还是以前的模样,还是以前的神情,还是以前的场景……以至于沉湎其中,久久不愿醒来。

　　恋人之间的思念,相对而言甜蜜一些,幸福一些,不比生死

离别,但是也折磨人。只要没走到一起,只要有分别就会有思念。最痛苦的思念当属相互倾心,却被棒打鸳鸯。祝英台对梁山伯的思念就是这样。多少年来,人们无不被他们凄美的爱情故事所打动,沉醉在《化蝶》忧伤的旋律中,黯然神伤。

朋友之间的思念,有的也长久难以释怀,元稹与白居易便是。白居易调到长安城郊当县尉后,元稹与其分别,非常痛苦,常常写诗遥寄相思之情。元稹死后,白居易看书忆友,喝酒忆友,做梦忆友……"老来多健忘,唯不忘相思"成了他当时的写照。

这些思念,多是刻骨铭心的,无论季节如何更替,世事如何变迁,他们的思念一如从前,既不受风云的影响,也不受雨雪的浸染。像一坛老酒,随着时光的遁迹,岁月的沉淀,味道愈浓郁醇美。

思念不思念,骗得了人,骗不了心。我有一位朋友,由于家庭矛盾和妻子分道扬镳。几年过去了,他还提起她,骂她,仇人似的。可我们分明看见,当他在大街上碰见一个像他前妻的女人时,会盯着看很久,嘴里还不停地嘟哝着:"太像了,太像了。"那一刻,从他的表情不难看出,他心里其实并没有完全将她放下。

也许,思念是一种病。正如一首歌唱的:"我不会奢求世界停止转动,我知道逃避一点都没有用,只是这段时间里,尤其在夜里,还是会想起难忘的事情,我想我的思念是一种病,久久不能痊愈。"我觉得,我一直病着,而且病得不轻。

童年趣事

偷 杏

老家东崖头村有两个杏园：一个在村北；一个在村东。

村北的杏园紧挨着人家，四周围着高高的夯土墙，一条大路从中间贯穿南北，是人们出行、下田常走的道。虽然这个杏园门户大开，但由于每天人来人往，却很少在杏熟时遭到偷窃。不是有些人不敢偷，而是怕被过路人看见丢了颜面。

其次，我认为还和承包杏园的老汉的为人处事有关。杏没熟时，老人总会不厌其烦地叮嘱到园子里玩耍的孩子们："现在的青杏酸涩难吃，等黄了熟了再吃。"他说的时候，脸上堆满央求的神色，而且他从来不骂孩子们。杏熟了，老汉便会组织来玩的孩子们，每人给他们发一个筐或者篮子，让他们到杏树下捡拾自然熟透掉落的杏，或者被风雨打掉的，或者买杏的人摇落后没看上的杏，让他们随便吃，完了，再用各自的衣襟包些回去。这样做，他自己省了工，孩子们吃上了免费杏，各得其所。

这是对于孩子们，对于大人，有过之而无不及。每当听说谁家的媳妇有孕在身，就会托其邻居、亲戚带些杏过去，说："女人怀了孩子，最爱吃点儿酸的，想吃青杏就来摘吧，这么大的园

子,咱不差这点儿。"一旦远远望见孕妇或者她的家人正巧路过杏园,就会及早摘好,不由分说塞进他们的衣兜,没有半点儿商量的余地,叫人感动不已。杏熟后,只要村里人来买,老人总会让他们在杏树下先吃一番,吃足了再买。完了,还要再往他们的篮子里捧两捧,让人觉得过意不去。

村东的杏园没有村北的大,远离村庄,孤孤单单,像是被送出去的孩子,有些生疏。

这个杏园的四周同样夯着高高的土墙,严严实实,可谓森严壁垒。尽管围得密不透风,却屡遭偷窃。特别是南面紧邻壶流河的墙头,被孩子们用木棍划开一个个豁口,一是方便观察,再是方便翻越。

记得那时,每每午饭过后,我们就会迫不及待地放下饭碗,直奔挨着杏园的河段而去。有从高处跳水的,有憋气"扎猛子"的,更多的是练仰泳、蛙泳的,还有打水仗的——用手掌冲着一个方向猛然拍击水面,水便丝丝缕缕地飞了出去;不会击水的,就用两只手撩水,也有效果,但是点点滴滴的,形不成冲击力。

大家玩着玩着估摸着杏园的主人午睡了,就会悄悄上岸穿衣开始偷杏。偷的时候,小伙伴们也有分工,有的入园摘杏,有的在豁口接应,有的在墙头观察,因此,承包园子的主人很难追到并逮住我们。后来,园主为了对付我们,养了两条恶狗,只要有人入园偷杏,他就会放狗咬人。即使观察的小伙伴在第一时间发现,并及时喊我们逃离,但终究跑不过狗,总有人被咬。

一次,我刚跑到豁口处,一只手才被接应的同伴拉住,右小腿便被追上来的恶狗狠狠地咬了一口。惊慌间,我从墙头跳下,不知怎么回事,落地后居然不能动弹了,只有隐隐的疼痛折磨着我。小伙伴们告诉家里后，父亲用独轮车把我推回了家。

如此，小伙伴们——被狗咬后，"害"得更厉害了，即便不进园子偷杏，也会隔着围墙往杏树上扔石子、土块，狠狠往下打杏，不为别的，就为让园主收获不上杏。现在想来，实属不该。

偷　瓜

小时候除了经常结伴偷杏，我们还偷瓜。

在那个贫穷饥饿的年代，在那个吃大锅饭的年代，一些人饿得不行，就偷。偷的东西绝大多数是吃的，或者与吃有关。偷是为了生活，为了生存。

冬日，朔风劲吹，大地一片苍茫，目之所及，萧瑟荒凉，没得偷。春季万物复苏，视野嫩黄一片，是播种的季节，也没得偷。要说有偷，那就是偷鲜杨树叶。低处的直接用手撸就是，高处的就得动用捅铲，先将枝条捅下来再摘，然后回去用水焯了凉拌着吃，味道独特，很好吃。不过，偷杨叶的行为不用避讳人，也没人责怪。

倒是秋天有的偷。每到这个季节，漫山遍野飘着庄稼成熟了的香味，玉米、高粱、谷子、黍子……随风飘荡在村庄的上空，飘荡在人们的鼻尖，让人的"偷心"蠢蠢欲动。那时，人们好像商量好了似的，都在盼望着天黑，等天黑了去偷。虽然当时的大队也安排了几个护秋的，但是他们也在偷。

偷秋是大人们的事，对此我们不感兴趣。我们孩子偷的多发生在夏季，譬如偷瓜。偷瓜是指偷香瓜，而不是偷西瓜。西瓜不好偷，即使偷上了，小孩子也不好拿。

偷瓜比偷杏容易到手。杏园四周围着高墙，还有恶狗看护，难偷。瓜地则不然，地处田野，周围全是庄稼，好藏身。特别是晚上，借着夜色掩护，便于靠近下手，而难被发现。

无论白天还是黑夜，只要不是雨天，偷瓜时，我们一般蹲着或者匍匐前进。胆大的，不这么偷，他们往往选择中午下手。先是估摸着看瓜的回家吃饭去了，可是又不放心，就蹑手蹑脚地走近瓜屋，往里看，看看瓜的人到底在没在。没在的话，径直大模大样地偷，像拿自家东西一样，无拘无束，随心所欲。

有时，我们也伪装，左胳膊挎一竹篮，右手拿一挑菜铲，装作在地里挑苦菜，慢慢地靠近瓜地，把瓜直接放进竹篮，而不像没篮子时放在背心里，放不多还难受。一旦看瓜的过来盘问，便理直气壮地回答说，挑苦菜误入了瓜地。尽管他心里明镜似的，但也无可奈何。不用担心像林冲误入白虎节堂那样，有性命之忧。

那时，偷瓜无数次，记忆中就有一次被逮住过。一天雨后，我们四五个小伙伴去离村较近的瓜地偷瓜，并顺利得手。正当我们兴高采烈地边吃香瓜边往村里走时，迎面碰到了不知回村办完啥事正返瓜地的看瓜人。当时双方相距最多三十来米，见势不妙，我们拔腿就跑，一边跑一边扔装在背心里的香瓜，哪管什么水坑泥坑，是否弄脏衣服。

也许是看瓜人看中了我个子矮跑不快的缘故，直奔我追来。终于，在跑出约二里路后，我筋疲力尽地倒在一个大水坑，被看瓜人"生擒活捉"。

不多时，父亲就被村里的大喇叭喊到了大队部。他一见满身泥水的我，上来就给了我一脚。回家后，父亲再没说什么。也许他那一脚是做给人看的，也许是真的在惩戒我。现在思来，仍觉得屁股隐隐作痛。

偷　葱

　　偷葱不比偷杏、偷瓜，是偶尔为之，而且是在姥姥的村庄偷。

　　姥姥的村庄离我的老家东崖头村只有五里地，即使步行，蹦蹦跳跳的，用不了半个小时就到了。

　　每当母亲做了稀罕吃食，她就会叫我给姥姥送些过去。给姥姥纳好了鞋底，抑或用白麻搓了麻线，母亲也会让我送去。每次姥姥见了我，都特别高兴，挪着小脚在躺柜前给我找过年时藏起来的红枣、大豆吃。

　　儿时的我成了母亲和姥姥之间的信使，一趟又一趟往返，乐此不疲。因为每次去了，二表哥都会带我去当地的大水库玩。

　　水库周围长满郁郁葱葱的芦苇，水鸟的"嘎嘎"声和青蛙的"呱呱"声像唱二人转似的，此起彼伏。水面碧波荡漾，三五成群的野鸭子兴致勃勃地游来游去，调皮的，把头往水里一探一起，一探一起，滑稽可笑。

　　二表哥把我带到水库，不仅为了让我学游泳，看野鸭子，还为了让我饱餐他做的田鸡腿。那是我记忆中最美的野炊，虽然少油寡盐，做法简单，但每每想起，仍禁不住"馋"涎欲滴。

　　每次去水库前，二表哥都会进行自我检查，看看装油、装盐的小瓶带了没，瞧瞧用来炖田鸡腿的白搪瓷水杯忘拿没，最后不忘提上钓鱼竿。到了水库，几乎每次一样，不一会儿，他就会安排我到附近的菜园子偷葱。我说不去，他就会问我："你会钓田鸡吗？你敢杀田鸡吗？你会炖田鸡吗？"我无言以对，尽管心里

一百个不乐意,但为了吃上田鸡腿,只好听从二表哥的安排。

毕竟不是在本村偷,每次心都"扑通扑通"跳得厉害,需在园外观察一阵子,并且一次又一次给自己壮胆,才敢战战兢兢地入园偷拔两根大葱出来。每次出来都是一身紧张的汗水,仿佛穿着衣服在水库游泳了似的。庆幸的是那个菜园占地很大,也不像杏园、瓜地那样看得紧(可能菜园主人出去卖菜未归),偷葱以来,既没被看见高声骂过,也没被抓住过。

等我拿着剥好的大葱重新回到水库时,二表哥已经收拾好田鸡,足有十几只。并且早把白搪瓷水杯架在三块石头上,也已捡好干柴。二表哥从我手中接过大葱掰成段放进水杯,接着放进小瓶里的油和盐,又加了水,点燃柴草,不一会儿就香味四溢了。

炖田鸡加不加大葱,味道大不一样。有一次,我和二表哥是雨后到的水库,由于土地湿透,二表哥没让我去偷葱,而是让我到处转悠捡干柴。好在大柳树下总有没被淋湿的柴草,因而田鸡腿总能吃成。不过,味道逊色多了,觉得精寡无味,远不如加了大葱的田鸡腿,难怪二表哥总要让我去偷葱。难怪在部队野营拉练时,不管是湖南、四川的战友,还是东北的战友,夜晚拿着手电筒捉田鸡回来炖时,都要加辣椒。原来田鸡只有加入大葱或者辣椒等辛辣作料,味道才能发挥到极致。

时过境迁,斗转星移,许多童年趣事都忘掉了,而这偷葱的经历,即使次数不多,却也伴随着田鸡那难忘的美味留存下来,每每忆起,别有一番韵味。

我与湿地

一

我再一次来到壶流河湿地。毋庸置疑,每年我都会来这里几次,不管春夏还是秋冬。相对而言,夏秋来的次数要多些——在我的心中,这两个季节的湿地最美丽。

今年来,还是第一次。好几天了,可能是刚进入三月吧,冰雪尚未完全消融,便听朋友们说天鹅已如期来到壶流河湿地,紧接着朋友圈里就接二连三地晒出天鹅的美图:或是特写,或是中景,或是全景;或者追逐嬉戏,或者低头觅食,或者展翅飞翔。一帧帧神态迥异的图片,活灵活现,呼之欲出,吸引着人们纷纷前往壶流河湿地目睹天鹅的芳容。

于我而言,天鹅雍容华贵、纯洁典雅,就像心中的女神,妩媚、妖娆、超凡脱俗。因此,每当它们飞临壶流河湿地,我就会如约而至,一次又一次地走向它们、走近它们,或远远地观望其秀逸的姿容,或近距离感受其清雅的气息,如痴如醉、流连忘返。

然而今年却不然。这天是农历二月二,龙抬头的日子,天气

却不好,冷风嗖嗖,刮得我眼泪扑簌簌直流。放眼望去,无论是下河湾水库,还是坝下的湿地,既看不见扛着"长枪短炮"的摄影人,也看不见成群结队的天鹅,寂寥无人,远没有朋友圈里渲染得热闹,不免有些失望。

也许,我这次来得不是时候。也许,天鹅在下河湾没待几天就去了湿地中下游。这么想着,便沿着湿地的砂石路信步向前走去。说实在的,没了天鹅,这个时节的湿地没有一丁点儿看头。岸边的杨柳枝丫八叉,灰突突的,看不到一丝绿意。河水被分割成一汪汪贯通的小湖或水汊,去年残留的一些蒲草裸露在水面上,黑了吧唧的,颇为刺眼。好在没走多远,就看见了游弋的野鸭。令人费解的是,此时的野鸭,一个个悠闲自在地游动着,没有成双成对的,也没有一群一伙的。难道春天不是野鸭的恋爱季节?而且它们多为黑色,与夏季或秋天看到的赤麻鸭、绿头鸭的颜色大相径庭。

正纳闷着,忽然,远处的一只野鸭扑棱着翅膀凌波向我的方向飞驰而来,与此同时,我眼前的一只野鸭同样扑棱着翅膀贴着水面向那一只野鸭飞驰而去,它们在相向划动水面飞出数十米远后,终于相遇并停了下来,相互鸣叫几声后,一起向远方游去。

这对野鸭的出现并走到一起,蓦地改变了我当时的看法。看来,任何事情都是有出入的。我们看到的表面现象,不一定就是真相。或许我们看错了,或许我们没看到,或许我们看的时间短,还没有全面了解。

又走出一段路程后,陡然,一只天鹅出现在我的视野。是的,只有一只。我慢慢地走近它,而它全然不知,只顾低头在水里觅食。可能足有十分钟吧,我脉脉地注视着它,而它的脖颈一直在水里插着,既没有挪动地方,也没有抬头看我一眼。我多么希望它能仰起脖子长鸣一声,或者抖抖翅膀,甚至飞舞起来,而它没有。或许它太饥饿了,或许我认错了,它根本就不是天鹅,而是一只不解风情的大鹅。

风越来越大,可怜我的沙眼一直泪流不止,无奈,只好怀着伤感的心情折身离开。

二

清明一过,天气日渐暖和起来,到处是草长莺飞的景象。

湿地的草,本来就得天独厚,一场小雨过后,愈发疯了似的猛长。岸边的柳树也娇媚了许多,翠绿的枝条纷纷垂下来,在春风的吹拂下,微微地摆动着,有如仙女的丝丝长发,不时撩动着过往游人的心弦。蒲草和芦苇仍然看不到一点儿发芽的迹象,水面上依旧狼藉一片。

这时的天鹅早已飞向更远的北方,水鸟也不再只有那几个零零星星的野鸭。随着黑鹳、白尾海雕、大鸨、白琵鹭等飞禽的陆续回归,以及踏青群众的不断增多,沉寂了一冬的壶流河湿地再次热闹起来,并焕发出新的生机。

湿地的鸟多为候鸟,春暖花开的时候归来,秋深露重的时候飞走,但也有不走的。据说黑鹳就栖息在湿地南部月明山内的悬崖峭壁上,它们在那里筑巢,在那里生子,寒来暑往,未曾远离。还有一些野鸭也不走,在凛冽的寒风中,在千里冰封、万里

雪飘的严冬,不知它们在哪里安家,去哪里觅食,是如何熬过这个肃杀的季节的。

说心里话,我很羡慕这些候鸟。每当寒气袭来,每当我的慢性气管炎发作,每当天空传来声声雁鸣,望着它们不断变化着的队形,我的心中就会充满无限惆怅,恨不得立马长出翅膀,加入它们南飞的阵营。

其实,这一愿望早被一些人实现。他们在海南或其他南方城市购置房子后,便可像候鸟一样自由迁徙,不再遭受天气的困扰。而我,只能梦想。

话说回来,我曾经无数次光临壶流河湿地,但是能认识的水鸟却寥寥无几。至于上面提到的珍稀动物,更是不得而知。即使遇见,也认不出来。或者这次经人指点认识了,等下次再单独看到时,便又认不出来了,实在眼拙得很。

记得前年陪同央视地理频道的记者游览湿地时,工作人员在前行的路上细致地介绍了湿地的邻居,并重点介绍了这里的住户。说到黑鹳时,恰巧有一对黑鹳在前面的电线杆顶端歇息,就给我们详细讲解了它的体貌特征和生活习性。等大家返回时,我看见一只红嘴白腹的黑鸟和一只通体雪白的大鸟在空中翻飞,连忙询问是什么鸟。他们听后不禁哈哈大笑起来,说:"那只黑的不就是刚才讲到的黑鹳吗?至于那只白的,是白鹭啊!"

顿时,我觉得自己的脸热了起来,羞得不知如何是好,以至于好长时间没有说一句话,自顾自地低头寻思:怎么会没认出来呢?或许,当时我觉得自己也太笨,太不可原谅了吧。

好在他们没有注意我的变化,仍旧一边四处张望着禽鸟,一边谈论着家乡对候鸟的保护。是的，无论是珍贵的涉禽，还是普通的水鸟，家乡的人们对它们都相当友好，已经把它们当成家乡的一部分，甚至当成了家人。特别是在湿地管理部门的大力帮助、保护和救治下，湿地的野生动物每年都在潜移默化地递增和壮大着，使得它们和湿地、和乡亲们和谐地相处着，构成一幅共生共荣、美丽醉人的生态画卷。

三

到了暑期，蒲草和芦苇已长得郁郁葱葱，蔚为壮观，仿佛一幅色调鲜明的油画，叫人不能不扼腕叹息。与此同时，大地也进入烧烤模式。清凉的壶流河湿地自然而然地成了人们避暑休闲的好去处。尤其是下河湾水库，经过春灌之后，水位重新回归，河水再现碧波荡漾、烟波浩渺的壮阔胜景。站在岸边，让人油然生出"长风破浪会有时，直挂云帆济沧海"的感慨和喟叹。同时，也会情不自禁地想起海子的《面朝大海，春暖花开》：

>从明天起，做一个幸福的人
>
>喂马，劈柴，周游世界
>
>从明天起，关心粮食和蔬菜
>
>我有一所房子，面朝大海，春暖花开
>
>从明天起，和每一个亲人通信
>
>告诉他们我的幸福
>
>那幸福的闪电告诉我的
>
>我将告诉每一个人

给每一条河每一座山取一个温暖的名字

陌生人，我也为你祝福

愿你有一个灿烂的前程

愿你有情人终成眷属

愿你在尘世获得幸福

我只愿面朝大海，春暖花开

这个季节，我经常在黄昏时分来到壶流河湿地，静静地坐在下河湾水库的大坝上，一边惬意地享受着习习凉风，一边默默地看水鸟归巢，看太阳从西边落下，看余晖染红水面，看湿地的风韵被换成另一种颜色。有时我会坐好长时间，想好多事情，想它的来龙去脉，想它的前因后果，想它的另一种可能性。

就像想不通普希金为什么会拼上性命为轻佻的妻子去和丹特斯决斗，海子为什么年纪轻轻就轻生一样，我也想不通老家两个人的死因。其中一个是个光棍汉，虽未娶妻生子，却也波澜不惊地度过了大半辈子时光，谈不上富裕，却也衣食无忧。尤其幸运的是，到了六十来岁，正需要老伴的时候，恰好有个寡妇收留了他，可遇不可求的事情，按说应该很幸福吧？然而没过多长时间，他却徒步十余里路，来到下河湾跳河自杀了。什么事情让他死得那么执着，那么决绝？而且，为什么非得大老远跑到下河湾呢？是看上了下河湾水的清澈？还是看上了下河湾水的包容？

另一个是个女人。我曾和她的父亲共事过一段时间，她的父亲是一个好面案。十年前，她丈夫因犯事身陷囹圄，她带着孩子硬是撑起了一个家，其中的艰辛不言而喻。可就在她的男人出狱后不久，她却选择了跳河自尽。那么多年都坚持下来了，可见她是坚强的，那又是什么击垮了她呢？而且，同那个光棍汉一样，也是大老远地来到下河湾，不畏严寒，一头扎进刺骨的冰水……

想起这些悲伤的事情，大多是因为想起了海子、顾城、戈麦他们。多数情况下，我会怀着愉悦的心情，想水鸟的巢筑在哪里？它们迁徙的时候孩子能随它们一起飞走吗？它们是怎么记住迁徙路线的？它们南方的家在哪里？那里的人们对它们好吗？

诚然，我也想自己的事情，想命运的事情。听说有的朋友越过越好，官运亨通，比我强百倍，我祝福他们；有的则不然，到处碰壁摔跟头，过得一塌糊涂，远不如我，我同情他们。正如贾平凹先生说的："人过的日子必是一日遇佛，一日遇魔。"同样的道理，命运就像我们身边的天气，阴一天，晴一天，是沐浴阳光，还是风吹雨打，或许由不得我们。

四

夏日的湿地，尽管水是它的灵魂，但没有了蒲草、芦苇、荷花和珍禽、朝霞、夕照，以及雅致的小桥、幽静的小路、优雅的小岛，就会大打折扣，大为逊色。好比一个人，即使有着丰富的思想，可衣衫褴褛，蓬头垢面，甚或行为怪异，定然不招人待见。由此可见配套的必要性和包装的重要性。再则，人是多样性的，眼光不同，角度就不同，观点就更不同。人们游湿地，有的是为看水，有的是为看草，有的是为看鸟……甚至，有的是为看荷花，有的则是为看荷叶。凡此种种，皆因喜好不同。

一般情况下，上午、下午去湿地的人要少些。他们或是路过

顺便看看，或是陪同外地的客人去转转，或是心血来潮，忽然想起了久违的湿地，就去游逛了。中午也有人去，但多在夏季。他们要么是读书的学生，要么是成家不久的青年人，是专门去游泳或去练习游泳的。有的在游泳的间隙，还要顺手把内裤洗了，铺在水库边的石头上，过不了个把小时就晾干了，可谓一举两得。早上去湿地的人不少，大多是晨练者。他们有的把湿地当作锻炼的中转站，急匆匆赶来，稍事休息，又急匆匆离开；有的把湿地当成强身健体的锻炼场，去了就得待上好长时间：打太极拳的、舞太极剑的、做操的、踢腿的，还有在小湖间的小路上穿梭疾走的……不练得筋疲力尽、浑身冒汗、饥肠辘辘，就不会回家。多数人同我一样，喜欢傍晚到湿地休闲。这个时间，天气渐渐凉爽下来，用过晚饭后，家人或者几个朋友一起去湿地走走，放下手中的事情，放飞压抑的心情，看清亮的河水从心头淙淙流过，听天籁由心底缓缓响起，应该是最幸福的事。特别是恋爱中的青年男女，走在一起就是浪漫的事，更别说甜言蜜语和卿卿我我了。

这时的湿地，花团锦簇、青春飞扬，千岩竞秀、万壑争流，与其说是千娇百媚，不如说是风情万种。蒲草已长有一人多高，浩浩汤汤，铺天盖地。风一吹，它摇一摇。风再吹，它摇啊摇……犹如"秦淮八艳"迷人的腰肢，晃得人眼花缭乱，心神不宁。荷花也出落得娉娉婷婷，风姿绰约，"秀樾横塘十里香，水花晚色静年芳"，将湿地的风雅和高洁展现得淋漓尽致，无以复加。漂亮的凤头䴙䴘、白枕鹤、长脚鹬、池鹭、遗鸥、豆雁等，或成双成对，或成群结队，一会儿在空中盘旋翱翔，一会儿在水中游来游去，一条条优美的弧线，一道道粼粼的波纹，把湿地装点得分外妖娆、无与伦比。最是那俏皮的野鸭,一会儿钻进水中,一会儿浮出水面,一会儿又使劲扇动翅膀拍打着水面,探头探脑的样子甚是滑稽可爱。还有那些身形娇小的伯劳、苇莺、黄鹂鸽等,藏身于柳树丛中或水草间,时不时地唱上一曲,婉转动听的歌谣随风飘荡,叩击着游人的心灵,在给人们带来无限愉悦的同时,也让整个湿地生动起来。

月亮升起的时候,湿地逐渐安静下来。皎洁的月光洒向草丛,洒向小径,洒满下河湾水库。岸边的杨柳不自然地摇曳着,树影婆娑,欲说还羞。晶莹的光斑在水面上不停地闪烁跳动着,碎银子般,银光一片。

每每此时,我就想,如果有人能吹一曲《月光下的凤尾竹》就好了,而且就吹葫芦丝,让其幽攸抑扬、轻清淡雅的声音穿透我的灵魂,浸入我的骨骼,连同那醉人的夜色一同融进我的身体,那将是一件多么美妙的事情啊!倘若再有一只小船更好,那样的话,我就可以轻摇双桨,在富有诗意的月色中,在万籁俱寂的水面上,一边慢慢地领略壶流河的风姿,一边细细地品味湿地的风致了。

五

到了寒露,天气一天冷似一天。湿地的芦花早已盛开,雪白雪白的,一片绚烂。蒲草的果实蒲棒也已熟透,轻轻一吹,蒲毛便纷纷扬扬飞起来,并转瞬就被秋风刮得无影无踪。

此时此刻,望着随风起舞的芦苇和起起伏伏的蒲草,我就会

不由自主地想起我的老家,想起小时候我们在河边做芦笛、折"蜡棒"(蒲棒)的情景。

  我的老家东崖头村就坐落在壶流河畔,用现在的话说是在湿地旁边。河的两岸是草木茂盛的河滩,河滩上长着许多叫不上名字的野草,绿莹莹的,远比当今的足球场和绿化带的草坪要好得多。由于河滩的野草细密、坚韧,有的乡亲就用铁锹将其铲成长方形的草坯做院墙,倒也结实耐用。记得我们小学厕所的围墙就是用河滩的草坯垒成的。

  河滩上除了一望无际的青草,还长着低矮的柳树。在我的印象中,它们始终没有长高过,不知是品种的原因,还是盐碱地的问题。虽然这些柳树有些丑陋,不比垂柳婀娜的身姿,却也成林成片,吸引着众多的鸟雀前来安家,也吸引着三村五里的孩子纷至沓来,练弹弓或者捡干柴。

  自幼我们就在河边玩耍,壶流河以及岸边的河滩便是大自然恩赐给我们的游乐场。我们在水里学游泳、摸鱼虾,到蒲草丛中找雀蛋、端鸟窝,在河滩上捉蚂蚱、逮"扁担"……其乐融融,其乐无穷。再大些的时候,到了十三四岁,我们又多了一项新爱好,那便是几个小朋友结伴去偷看邻村的小姑娘。

  说是偷看,其实有些牵强,因为根本不用到人家的村子去,只需来到河滩就行了。那时,和我们年龄相当的邻村小姑娘常常来到河滩放牧,她们三五个相互跟着,牵着缰绳,每人放一匹或两匹骡马,对我们来说是件极新鲜的事。因为在我们看来,放牧是男孩子的事(我们村从来没有女孩子放牧),她们村怎么净是女孩子放牧?好奇心驱使我们经常在不远的地方偷看她们,看她们怎么放牧,也看她们放牧的间隙干什么。有时也会壮着胆子走到她们跟前,瞄她们的脸庞,这时就会发现,她们的脸颊会瞬间布满红晕,绯红绯红的,桃花一般。

如今,这些都已湮没在岁月的长河中,成为美好的回忆。如同唐代崔护写的那首《题都城南庄》:"去年今日此门中,人面桃花相映红。人面不知何处去,桃花依旧笑春风。"

是的,随着年龄的增长,季节的更迭,许多事情皆随风飘逝。而壶流河水依然哗啦啦地流淌着,并在人们的环保意识和保护措施日益增强的今天,乃至未来,仍将哗啦啦地流淌下去。我呢,终将慢慢老去。到时,唯愿化作一棵翠柳,立在家乡的母亲河边,静静地陪伴着湿地,看家乡日新月异,不断变换着模样。或者化作一只黄鹂,就把巢穴筑在湿地,我将不分昼夜地为家乡歌唱,歌唱她的五谷丰登,歌唱她的繁荣昌盛。

舞　趣

　　我的爱好比较广泛，却偏偏对跳舞持有偏见，尤其是对交谊舞。并且固执地认为那是一种猥琐的活动——参加者要么是一些不三不四的下流之徒，要么是一些看似道貌岸然却心存淫邪的伪君子。可能和我有同样看法的人还为数不少，特别是那些从没有接近过舞蹈的人们。

　　后来，随着我与舞蹈的频繁接触，渐渐地，我比较全面地了解了这种健康向上、充满激情的活动。诚然，我以往那种近于迂腐的观念，也就随之改变了（在此，我没有诋毁、反感跳舞者的意思）。并不是说跳舞的人群中已净化到了没有了行迹斑斑的卑劣者，而是说，大众舞厅中的他们，大部分人的品行是端正的，起码不像我先前想象的有失公允的见地那样。如此看来，对任何事物的认识都是需要一个过程的，在没有系统全面地了解乃至掌握之前，最好别妄加评论或断然否定。

　　确切地说，走近并融入舞蹈的行列，是在我当初的部队移师城市之后。当朝气蓬勃的年轻战士们，由"白天看山，夜晚看星星"的小山沟突然走进绚丽多姿、引人入胜的现代化城市，犹如"好八连"到了南京路，他们那本不平静的心湖被搅动了，战士们蠢蠢欲动，但又慑于纪律的严明，无奈中，只能默默地关注。可是，纪律对于我们这些管后勤的司务长，似乎并无多大的约束力,因为我们总是有着多种多样的理由,堂而皇之地外出。

司务长中,有两个和我非常要好的军校同学,对跳舞的热爱已到了痴迷的程度。每逢周末,必然换上便装去诸如体育场、文化宫之类的大众舞场尽兴。有时,他们非要拉我同行,我不同意,他们就强行"绑架"。可想我当初的感觉,如同别人强迫自己吃不喜欢的饭菜一样。尤其是到了舞场后的那份尴尬与冷落,真难以名状。而他们则轻松地揽着洋溢着青春气息的女孩子,在舞池中不停地旋转……我呢,只有在椅子上正襟危坐的份儿。那种感受,不比受了他人愚弄轻。每每散场后,自知理亏的他们就会轮流做东请我去大排档吃酒或到咖啡屋消费,以作补偿。

久而久之,我居然对那些舞蹈的名称和花样烂熟于心。什么迪斯科的奔放,两步的曼妙,三步的舒缓,四步的轻盈,伦巴的翩然,探戈的欢快……无一例外。而且,随着我和跳舞者的广泛接触,才逐渐了解到,去大众舞场跳舞的,多是些纯真的大学生和性格豪放的工人。就这样,我改变了对舞者的看法,有时经战友怂恿,也会斗胆请人跳一曲,没想到舞步竟也娴熟自如,俨然一位驰骋舞场已久的老将。

然而,好景不长,我们毕竟都戎装加身。又一个周末,当我们从体育场消遣完,回到营门时,熟悉的警卫告诉我们,部队正在拉紧急集合。闻之,我的头"嗡"地一下大了。于是,连忙以百米冲刺的速度赶回房间换装再武装,然后紧急到位,才及时避免了一次处分的"青睐"。

经此一惊,我刚刚提起的舞趣便彻底消失了,当然我那两位同学也极少光顾舞场了。虽然我以后再也没有登临过舞厅,但对跳舞的看法却一直没变,并且坚持认为:那是一项有益的活动。

下河湾

　　下河湾是家乡的一个水库，位于县城边缘，嵌在壶流河湿地上游，犹如一颗耀眼的明珠，辉映着平舒大地。

　　每到料峭的三月，冰雪尚未完全消融，沉睡了一冬的下河湾就会苏醒过来，微睁明眸，似水柔情便随着日益暖和的春风荡漾开来，拂动着周边光秃秃的树梢，拂动着堤坝上干枯的衰草，也拂动着一个个少男少女的心。

　　在枯黄的狗尾巴草焦急地眺望中，在黑鹳望眼欲穿地等待中，成群结队的白天鹅如期而至。它们悠然聚拢在一起，旁若无人地高谈阔论着，似乎在诉说旅途的艰辛、目的地的遥远；也许在议论世事的沧桑、生活的不易。在接下来逗留的日子里，它们有时拍打着水面练助跑、练起飞，有时展翅飞翔秀身姿、秀造型，有时引吭高歌、曲颈示爱，其雍容华贵、美丽端庄的仙姿玉貌，引得众多摄影爱好者、绘画者和爱鸟人士纷至沓来，给寂寥的下河湾增添了许多热闹和生气。

　　或许，对于天鹅来说，下河湾只是个驿站，是用来进行短暂歇息、补充能量、恢复体力的地方；而对于野鸭子而言，则不然，这里是它们的第二故乡，有它们的爱巢和爱人，有丰富的美食和宽广的游乐场，一年中的大部分时光，它们都会在这里安然度过——恋爱、结婚、生育，直到严寒紧逼，才不得不飞到南方越冬。

渐渐地，随着青草的疯长、柳条的变绿，越来越多珍稀的鸟儿飞临下河湾。白尾海雕、白琵鹭、鸿雁等野生飞禽三五成群，或游来游去，或凌空盘旋，有如一只只轻舟在水波上飞渡，又如一只只纸鸢在高空中翱翔。有时，下河湾还会迎来两只少见的鹈鹕，令人大开眼界，惊诧不已。

几场春雨过后，湿地的苇草越长越高，一天比一天恣肆起来，附近的杨柳也飞花吐绿，一天比一天婀娜多姿。此时的下河湾，在和风的吹拂下，微波荡漾，恬静温柔，犹如热恋中的女子，满脸的妩媚和娇羞，即使是不经意的一瞥，都满含着柔情和蜜意。

太阳也一天天热烈起来、慷慨起来，把一缕缕爱的情丝毫不吝惜地洒向湿地、洒向下河湾。于是，粼粼波光中，便跳跃着金色的鱼儿、金色的虾米，一闪一闪的，到处都是，生动着别人，也生动着自己。

一不留神，炎热的夏天到了，来下河湾溜达的人愈来愈勤、愈来愈多。他们有的是来看水鸟、听鸟鸣的，有的是来看芦苇、吹凉风的，大多数是来游泳的。

我有两个同事就爱在午休时到下河湾游泳，偶尔，我也陪同。但见他们一会儿蛙泳、一会儿仰泳、一会儿自由泳，用不了多长时间就游到了下河湾中央的小岛上。小岛上草木葱茏、绿荫蔽地，他们稍事休息一会儿，或者找寻一番鸟蛋之后才会往回游，而我只能在水边观望。我想，那种自己能做到而别人做不到的感觉，一定很爽、很惬意。

我非常羡慕同事的水性，也由衷地感叹大自然的造化弄人——他们从小是在宽广的下河湾耍大的，游泳的本事自然了得；而我自幼在浅浅的壶流河下游长成，只学会了"狗刨"，相

形之下，自惭形秽。

暑气逼人，以至于到了傍晚，踯躅在下河湾的游人仍不肯离去。特别是年轻的恋人，相互依偎着，静静地听水鸟在苇草间呢喃，含情脉脉地看晚霞轻抚下河湾，听着，看着，莞尔一笑，同那潋滟的水波一样，羞红了脸。

随着夜幕的降临，气温渐渐凉快下来，可堤内的石头还热乎乎的，它们依旧沉浸在白昼的兴奋中。

很快，月亮升起来了。野花上，树叶上，水面上……到处都是银色的月光，亮晶晶的，闪烁着，跳动着，仿佛一个个美妙的音符，和着此起彼伏的蛙鸣，汇成一曲舒缓悠扬的小夜曲，在湿地上空飞扬，在下河湾水库飘荡……

我见过不少地方的水库，诸如隆化的大坝沟门水库、蔚县的壶流河水库、唐山的陡河水库、北京的十三陵水库等，它们要么年久失修、破败不堪，一副孤寂无助的样子；要么缺鸟少树，没有生机，一派萧条落寞的景象；要么深居闺中，独守芳华，不为人识，仿佛失去光华的老妪，抑或黯然神伤的姑娘，默默地忍受着岁月的无情抽打，却又无可奈何。

无疑，下河湾是优雅的、可人的，也是浪漫的、风情万种的，它就如同一个妙龄淑女，"翩若惊鸿，婉若游龙。荣曜秋菊，华茂春松。仿佛兮若轻云之蔽月，飘飘兮若流风之回雪。远而望之，皎若太阳升朝霞；迫而察之，灼若芙蕖出渌波。"（曹植《洛神赋》），让人心旌摇曳，如痴如醉。

无疑，下河湾在我的心中是美好的、圣洁的，无人能比，也无人能及。

无疑！

乡村情结

我有过一段当兵的历史，不长也不短。十三年的军旅生涯，像一抹浓重的绿根植在心头，点缀着我的人生，诗意着我的生活。说起当年穿上军装的初衷，真是简单，仅仅是为了脱离农村，逃避那辛苦而又繁杂的田间劳作，并不像有些人在某些场合冠冕堂皇地说的"保家卫国"那么伟大。和平年代，我始终认为即使不说那样的话，我们同样可以冲锋陷阵；同样可以泥里来、水里去，为祖国、为社会做许多有意义的事情；同样可以贡献我们的青春年华，贡献我们的聪明才智。

但是，我并没有像当初想象的那样，远走他乡，留在繁华的城市。而是经过从一座城市跳跃到另一座城市的换防、调动之后，最终还是回到了生我养我的故土。应当说，失落的感觉很重。然而我无怨无悔，因为部队毕竟锻炼了我，培养了我，使我在今后的人生道路上不至于因为一点点挫折而垂头丧气，也不至于因为个人抱负的不如意而轻言放弃。再则，我还是热爱家乡，和她有着深厚的感情的，之所以当初选择离开农村，只是因为不愿重蹈父辈的覆辙而已。

转业回到故园的我已经不再是农民的身份，用不着再和锄、耧、耙打交道了，虽然我依然住在农村，生活在农村，可我的工作已经走出了农村。这里，我没有诋毁农民朋友的意思，是的，

一点儿也没有,因为我也是农民的儿子,农民同样为国家做着巨大的贡献。

三年前,我的家由村庄搬到了县城,可我还得时常回农村去,因为我的母亲,我的兄弟……还住在农村,生活在那片既养育了他们又让他们焦心的土地上。我终究脱离不了农村——我不能不去看望他们,特别是年迈的母亲。我想,每一个有良知的人都会这么做的。正如作为一个炎黄子孙不能不关心祖国的兴衰和荣辱一样。

这几年,国家"关注三农"等惠农政策让农村的面貌改变了不少:水泥路的修筑让世世代代与土打交道的农民不再在雨天泥满裤腿;光缆的架设让农民足不出户就能通过电话、互联网了解世界,不像当年我从老山前线凯旋时,想给家里报个平安也无电话可打,只能发个电报;自来水的入户让农民不再挑着水桶到村里仅有的几口水井旁排队……农村面貌改变的同时,农民的精神面貌也发生了变化……走进农村,你是很难见到郁郁寡欢者的,倘若有,那也不是为了生计所迫,而是夫妻双方在争执去买什么品牌的摩托车抑或电动车、洗衣机之类的事情上发生了分歧。

的确,现在的农村生活好多了,农民在党的关怀下,同城镇的人们一样,幸福地生活着,愉快地工作着,已经很少有人厌烦农活了——土地也能为他们创造价值,创造美好的生活,我的母亲就是这么认为的。虽然她年近八旬,却并不厌烦劳动。她认为劳动能给她带来健康、带来快乐,因而仍旧坚持着下地干活。间苗、锄地、收割,哪样也落不下她,尽管家人百般劝阻,却收效甚微。尤其是今年,弟弟在外打工,她下地的次数就更勤了。秋收时节,弟弟没有回乡,当我周末打听她老人家何时收割玉米时，她说在大哥的帮助下已经快将七亩多玉米掰完了。她不想通知我，她知道我从骨子里讨厌农活。母亲错了，她应当知道自己的儿子为了她是不会在意农活的脏与累的。我有些埋怨母亲，但更多的是埋怨自己。我望着母亲苍老的身影，望着她虽然有些吃力却依旧顽强劳作的场景，我的心里酸酸的、涩涩的，有一种不可名状的东西不断冲击着我的胸膛……

想起白麻

我自幼生长在农村,田间劳动是我们这些农家子弟经常性的家庭作业,虽然我们的年龄并不大,可干的活却基本上同大人们一样,好像是命中注定的事情,往往乐此不疲。

我的家乡地处壶流河畔,土壤倒也丰饶,这在广灵平地较少的山区,是很难得的。憨厚的乡亲们只知道日复一日辛勤地劳作,似乎他们从未憧憬过未来的生活,没有奢望过明天的美酒,只企盼今日的肚子不再饿得雷一样炸响。

那时候,我们村种植的作物比较多,有玉米、小麦、高粱、豆子等,但主要以白麻为主。这是一种人们普遍看好、工序繁多、经济价值较高的作物,用途非常广泛,可以造纸,也可搓麻绳。由于白麻比棉线便宜,我的母亲常用它搓成比线稍粗些的小绳,给我们纳厚厚的鞋底,用来做鞋。这种自家做的鞋非常结实,对于我们这些顽皮的孩童相当适用,不至于没穿几天脚掌就又和大地亲近了。

每当白麻长到房子般高时,人们便被招呼到地里。为了避免浪费,他们不是挥镰去割,而是用胳膊揽着去拔,然后整齐地摆在地上,由后边的人用麻剑(一种削麻叶的工具)将麻叶利落地削去。这活儿一般由青壮劳力负责,若没有一定的技巧和功力,是很难把麻叶削净而不至于弄破麻皮、斩断麻秆的。被削完叶的麻秆再整齐地码放好，由后边的人小心地将其根部用刀或斧子剁下，属分班作业。

被拔完的地，在其他成片的绿油油的庄稼的映衬下，显得空落落的，一副孤寂无助的样子，因少了昔日麻雀喋喋不休的喧闹声，而突然清静下来，让人高兴之余又有些伤情的感触。

最后，大家协力把捆好的麻秆背到村庄附近已挖好且用白灰抹好底壁的大坑里，蓄上水去沤，直沤到坑水绿臭麻秆发黏时才捞出，然后平整均匀地铺开晒。过一些时日，你会惊喜地发现，原先那臭不可闻，形象龌龊，甚至令人作呕的麻秆，摇身一变，就像刚出淤泥的藕一般，白花花一片，成了真正的白麻。

当时的村叫大队，下设小队。每当人们按小队将分到的白麻背回家时，就更加忙碌了。无论是白天还是夜晚，到处都能听到"唰啦唰啦"的剥麻声，如同舒伯特轻柔的小夜曲响彻大街小巷，温暖着他们的心。

那时，人们出工中午一般是不回家的，午饭在地头吃，由家里人做好，用瓦罐盛上送去。大家聚拢了吃，你尝尝我的，我尝尝你的，直吃得满头大汗，然后用袖子一揩额头，仰躺在地上舒舒服服地享受着暖阳的抚摸。那种感受，那种气氛，恐怕现在吃几桌海鲜，涮几顿羊肉也找不回来了。

小 马

小马和我同一年入伍,比我小两岁,看上去像个孩子,细皮嫩肉的,甚惹人喜爱。平时大家都爱逗他玩,即使过分一些,他也从不介意。

由于小马会写一手漂亮的钢笔字,加上模样又英俊,新兵训练一结束便被抢到连部干文书,比我们幸运多了。文书是连长、指导员跟前的红人,享受班长待遇,不仅每个月比我们这些普通战士多拿几块钱津贴,而且还比我们轻松自在,不像我们成天不是军事科目训练,就是队列训练,有时还要去大山深处维修坑道,浑身臭汗,又脏又累。

小马的字遒劲、洒脱,黑板报办得更是呱呱叫。每逢师直属队搞板报评比,他便会出尽风头。因而,虽然是个新兵,但在师部大院内还是小有名气的,故经常被借到机关出差。诚然,他也因此认识了不少首长,让我们羡慕得要死。

也就是在那段时间里,小马认识了英。

英是文艺队的女兵,身材颀长,粉面桃腮,一对水汪汪的大眼睛,犹如两泓深不可测的秋湖,勾人魂魄。凡是看过她节目的,无不印象深刻。

英的嗓音圆润,歌唱得甜。每每唱毕,我们这些新兵蛋子便狠劲鼓掌,直拍得两手发红生疼也不住手,于是,她就一次又一次出来礼貌地谢幕，那样，我们就有机会再多看她两眼。

没过多久，小马告诉我，说他们恋爱了。我很惊讶："不可能吧？你这么小，何况部队规定不允许谈……"没等我说完，他便打断说："管他呢，凡正我觉得我们合得来。"蓦地，我觉得小马变了，不像以前那个腼腆十足的他了，可能是因为英。

此后，我和几个要好的战友几次劝他们分手，他都表面应诺，而后依然我行我素，我们只好知趣不再提及此事。当然，我们都替他保守着秘密，以防连长、指导员知道后处理他。

可是，我的想法错了。

一天夜里，我正趴在床上写家信，通信员慌慌张张地跑进房间对我说："不好了，文书他……"再看通信员的脸色煞白，好像是被吓的。我快步跑到小马的房间，但见床单上一片殷红，他疲乏地靠着墙，血不停地从他的手腕流出。我问通信员，连长、指导员在吗？他说，连长不在，指导员在，我让他赶紧报告指导员，然后自己匆忙喊来班里的几个战士，手忙脚乱地抬起小马向医院奔去。

躺在医院洁白的床单上，小马一副慵倦的样子，脸色苍白，消瘦了许多。他轻轻地告诉我，英和他分手了。我说他何苦呢？他说我不懂，我便不好再说什么，因为我从未涉足爱河，没有资格和他谈这个问题。

在医院，我又见过两次英。她是去看小马的，提着水果和补品，泪眼迷离，看上去很伤心。小马显得很激动，对英没有一丝怨恨的情绪。

小马出院后，连队处分了他。之后又和他谈了几次心，希望他不要背包袱，军旅生活才开头，争取干出个好样来。小马下定

决心痛改前非，保证干出成绩来洗掉由这件事给连队带来的不良影响。

可是没过半年时间，他又吞下一串钥匙企图自尽，幸亏大家发现及时，才避免了严重后果。当我们听说又是因为英时，将他痛骂了一顿。而他呢，默默地听着，既不反驳，也不解释。那一刻，我发现小马成熟了许多。

没多久，部队让小马提前退出了现役。临行前，他没有通知英，也不让我们告诉她。火车启动时，他想潇洒地挥挥手，挥掉所有的痛苦与烦恼，然而眼泪却不争气地淌了下来……

心酸的冰棍

我小时候卖过冰棍，自家产的，长约二十厘米。那时，家里比别的人家穷得多，母亲为了补贴家用，托一个在五金厂工作的亲戚，焊了十几个冰棍模子。每到冬天，室外能冻住东西的时候，母亲就会早早起来做冰棍：先将水烧开加入糖精，再分别倒在几个小盆里，接着分别加入不同的颜料，冰棍水就算做好了。待水冷却后，母亲就往模子里灌冰棍水，母亲灌一支，我拿一支……然后一一插在院中事先备好的装满冰雪的大瓷盆里，短则几分钟，长则数十分钟，冰棍就冻好了。最后，母亲将冻好的冰棍拿回屋里，一手提着冰棍把，一手舀热水浇模子，如此反复，一根根冰棍就从模子里脱离出来，红的、黄的、白的……晶莹剔透，光滑丰润，有如沐浴后的少女，楚楚动人、光彩夺目。

母亲制作的冰棍主要由我负责卖出。记得卖得最远的地方是河北省蔚县的暖泉镇，这个镇子与我县相邻，距离我住的东崖头村只有十三里路程。别看只有十余里，在那个以步代车的年代，没有两三个小时是往返不了一趟的。搁在我们小孩子身上，用时就会更多。

为了节省时间，我一般抄小路。所谓小路，就是乡亲们穿地而行形成的便道，是人们所说的"弓弦"，而非"弓背"。由于穿着笨重的棉衣棉裤，加上一篮子沉甸甸的冰棍，去时是最费力

的。尽管我两个胳膊轮流着挎篮子，并且走走歇歇，但到了暖泉，胳膊几近麻木，双腿灌了铅似的，摘下棉帽就像揭开了热锅锅盖，热气蒸腾，袅袅不绝，得歇好一阵子才能缓过劲来。

如果顺利的话，不到中午，一篮子冰棍就在我穿大街走小巷的吆喝声中卖完了。往往这时，我的嗓子快冒烟了，肚子也开始抗议——咕噜噜，咕噜噜，催促我赶紧返家，让人对这个古镇不敢有丝毫的眷恋。即使这样，等回到家，已是下午。倘若贪玩，中途去追野兔，或者碰到田鼠窝去打劫它的越冬粮食，回家就更迟了。往往等到了家，才想起饥饿，想起晌午饭还没吃，于是连忙取出母亲热在锅里的饭菜，一阵狼吞虎咽，来不及品尝就饱了，没有香不香的感觉。

我常去卖冰棍的村子叫姚疃，离我们村七八里地。之所以常去那个村，不是因为那里下货快，而是因为那是女邻居的娘家所在地。由于两家处得好，每每卖得晚了，她的家人就会唤我去吃午饭，再晚点儿，索性留宿过夜。有一次，我居然尿炕了。次日早晨，不敢声张，悄悄地叠好被褥，顾不上洗脸吃饭，谎称要去学校，就慌慌张张地跑了回来。后来，女邻居的母亲来了说起这事："没想到八九岁了还尿炕，把一卷铺盖全湿透了，哈哈哈……"母亲只好不停地道歉。

往返姚疃，必经过一个公社驻地西加斗村。那里有一个很大的供销社，货物五花八门，琳琅满目，分外诱人。其中就有我喜欢的"小人书"，什么《三国演义》《岳飞传》《水浒传》，比比皆是。只要哪天冰棍卖得快、回家早，我就会一头扎进这个供销社，围在连环画的柜台旁，久久不肯离去——翻了一本，再翻一本，直到翻得售货员不耐烦了，或者乜斜着眼睛看我，想让我

"滚开"的时候,我就知趣地掏出一角多钱买本薄的。有一次,相中一本《金光大道》,一看价格,三角四分,马上就犹豫了。在当时,这不是一笔小数目。踌躇再三,咬咬牙买了。回到家,给母亲交冰棍钱时,顺便掏出了那本"小人书",寻思母亲得狠狠地训我一顿,没想到不识字的母亲听说了价格后,只说了句"是有点儿贵"就忙别的去了。

那是个物资极度匮乏的年代,虽然冰棍只卖一二分钱,但也不见得有人买得起。一天,我在一个邻村卖冰棍时,碰到一位老奶奶牵着孙子走路。孙子缠着奶奶买冰棍吃,可是她始终不给买,任凭孙子哭着、喊着、涕泪流着。于是,她拽着孙子走到哪里,我就跟到哪里,心里想:不信你不买。跟着跟着,老奶奶丢开孙子,径直冲到我跟前,一阵破口大骂,末了还威吓说:"以后少到我村卖冰棍,甭让我再见到你,否则,让我儿子打断你的腿。"

从这以后,这个村我也不敢去了,我的销售范围日渐缩小。卖冰棍居然遭到威胁,在当今看来,这是一件不可思议的事情。其实,比这惨的多得是,我还遭遇过抢劫。

那时,我还去姚疃村卖冰棍。那天,我刚走出西加斗村口,就见三四个十五六岁的大孩子,朝我飞奔而来,边追边喊,让我停下来。我见势头不妙,拔腿就跑,但终究跑不过他们,不一会儿就被追上了。我暗想这下完了,一天冰棍白卖了,母亲还等着攒冰棍钱买毡片和灯芯绒布给我和弟弟做棉鞋呢。不料他们没搜身要钱,只抢走了篮子,把剩下的几根冰棍给分了。"几根冰棍害爷们追大半天。"个子大点儿的那个可能觉得冰棍少没达到目的,一边骂一边狠狠地踹了我一脚,并把我的篮子扔得远远的。

我十多岁时,国家开始实行改革开放政策,县里有了冰棍

厂，各村沿街叫卖冰棍的也随之多了起来，而且人家的味道比我家的好得多，听说添了牛奶和白糖，难怪价钱贵了点儿，长度短了点。至此，我不再卖冰棍，开始踏踏实实读书、做功课。其实，我早就厌烦了卖冰棍，但我更厌烦穷苦，这就是我为什么不顾严寒、不辞辛劳一直坚持卖冰棍的原因。当然，也为了我的母亲。

　　时光荏苒，不觉几十年过去了，但卖冰棍的情景如影随形，总是挥之不去。特别是每当看到孩子们有滋有味地吃着雪糕的时候，我就会想起那个难忘的岁月，想起童年那段辛酸的经历。

寻找父亲的革命足迹

一

枪声是在前半夜响起的。

啪，啪……七十多年前的一个夜晚，几声清脆的枪响划过壶流河上空，打破了我的老家东崖头村的宁静。

几条黑影在河畔的小树林里狂风似的掠过，不一会儿就没了踪影。子弹呼啸着从他们的身边飞过，飞进浓浓的夜色，连一片树叶也没有打掉。

夜风徐徐地吹着，河水哗哗地流着，树枝微微地摆动着，好像什么也没有发生似的。这是村外，村里早已经闹翻了天。

不知是张家的狗先叫起来，赵家的狗接着呼应，还是刘家的狗先叫出声，王家的狗随后声援，总之，不大工夫，全村的狗吠响成一片，继而又纷纷跑到村南。

熟睡的乡亲们被枪声惊醒后，从狗叫的方向判断，敌人从南面的堡门口进村了。

有几户人家瞧瞧儿子空空的床铺，禁不住深深担忧起来。他们隐约听说他们在悄悄地为共产党办事，他们没说起过，他们也没反对过。但是再严密的水桶也有滴漏的时候，问题既出在水桶

上，也出在时间上。

他们何时加入的共产党？何时开始一趟又一趟往返于村庄和南山的革命根据地？没有人清楚具体时间。但是村民不傻，依据他们的神出鬼没，依据他们的风尘仆仆，人们断定这几个孩子在干大事，干为国为民的大事。任何事情都是这样，做得久了，难免形成规律，难免被熟人洞察，因此议论早就有了。

茶前饭后，村民聚在一起，哑巴旱烟的同时，也津津有味地哑巴他们，于烟雾缭绕中，把他们哑巴成本村神秘的英雄。

没有抓住人，愤怒的日伪军开始挨家挨户地搜查。每搜一家，都要询问姓名。或许他们早就接到密报，这个村的地下组织相当活跃。当然，他们也不甘心，从南山到东崖头村，跟了十几里路，居然把那几条黑影跟丢了。

手无寸铁的乡亲们阻止不了，也阻止不起，任凭他们把鸡窝捅翻，任凭他们把饭碗摔碎，任凭他们把水缸砸烂……他们想，只要人在，只要家在，只要替劳苦大众着想的火种在，假以时日，星火燎原是早晚的事，报仇雪恨是早晚的事。

搜到老贯家时，他的儿子奋元也在。问清姓名后，日伪军不由分说就把奋元抓了起来。

很快，奋元的嘴角流血了，鼻子流血了，鬓角流血了。拳脚和枪托一下又一下打在他的头上，打在他的身上，而他始终没吭一声，没有交代他们想知道的——根据地的位置，和组织的联系方式，还有其他的同志。他把这些嚼碎了，连同那一口口血水使劲咽到了肚里。

于是，那几条黑影，以及更多的人得以生存下来，继续着尚未成功的革命。

于是，气急败坏的日伪军对着奋元的胸口残忍地开了枪。

生命太过珍贵。可奋元的青春消逝得太快，快得让人反应不过来，就一头栽倒在他热爱的故土，栽倒在乡亲们的面前。他的嘴角挂着轻蔑的微笑——笑敌人把他看得太简单了，以为他很脆弱。瞬间，鲜艳的"莲花"在他青春的枝丫上绽放、盛开，在黎明前夕，在父母撕心裂肺的号啕声中，一条红色的小河，在他身下厚重的土地上缓缓流淌，在乡亲们的心里缓缓流淌，在孩子们的课本里缓缓流淌，在祖国的史册里缓缓流淌……年年岁岁，生生不息。

人们被这突如其来的杀戮惊呆了，一个个面面相觑，惶恐不安。

这一天，痛苦像一片乌云笼罩着东崖头村，经久不散；像一块巨石压抑着东崖头村，压得村民喘不过气来。

自此，每到阳春三月杏花缀满枝头的时候，望着那些或红或白的繁花，人们就会不由自主地想起那个血腥的夜晚，想起开在奋元胸前的"莲花"，想起幸福生活的来之不易。

事后，人们听说，奋元那天晚上没有参加那几条黑影的行动。那时，组织上都是单线联系，奋元是不是地下党员，他们也不清楚。但是奋元很积极，经常参加支前活动，也许被告密了，却浑然不知。

新中国成立前，有多少像奋元一样的共产党员、革命志士、人民群众，由于叛徒、汉奸的出卖，或者南征北战，或者支前，早早地倒了下去，没有看到五星红旗迎风飘扬的那一天？

数不清，也不敢数，太让人心痛。

母亲健在时，告诉我，那几条黑影中就有我的父亲。她说，

那个悲惨的夜晚,父亲他们几个人给南山根据地送完情报后返村,过了壶流河才发现被人跟踪,为了不影响老百姓,他们径直跑向东河滩的小树林,尽管如此,还是……

奋元被枪杀的第二天,奶奶就招集本家的几位长辈,一起商议父亲的事情。商量的结果是:为了继续革命,也为了保全性命,改名换姓。

就这样,父亲像换了一件衣服一样,轻轻松松地换了姓名。当有人再去村里打听他原先的名号时,都说查无此人。

二

父亲生前从未和我们说起过他的革命行动。我只知道他是新中国成立前的老党员,至于他在抗日战争和解放战争中所做的那些事情,还是在他辞世后,村里一位年事已高的老支书说与我的。但是也不详尽,只有模糊的印象。

由此,我对青年时的父亲产生了浓厚的兴趣。随着我的了解深入,陌生的父亲、严厉的父亲、矮小的父亲,在我的眼里竟渐渐清晰起来、亲切起来、高大起来。

老支书名叫尉明朗,是本家三叔,年届九旬,也是新中国成立前的老党员,曾于二十世纪六七十年代担任东崖头村党支部书记十六七载。若不是他说起,我对青年时期的父亲几乎一无所知。

父亲离开我们十五年了,如果活着,已近百岁。他的同龄人无一例外地去了另一个世界,因此,想了解他年轻时的战斗经历,相当困难。而对父亲有所了解的在世老人已经寥寥无几。因此，我决定周末回村再访老支书。

那是个晴朗的上午，天空湛蓝湛蓝的，一尘不染。广袤的田野光秃秃的，一览无余，间或横陈着白花花的玉米秸秆，一派萧条的景象。田地里的庄稼已收割殆尽，很少看见农民来回走动，就连田鼠也蓄满粮仓，安闲地钻在洞里准备过冬了。

在村北一面向阳的红砖墙根下，我找到了老支书。他坐着马扎，眯着眼，正惬意地享受着阳光的抚摸。除老支书外，还有几位老人也在晒太阳，他们穿着暖和的羽绒服或式样新颖的棉衣，有的坐着棉垫，有的坐着包装用的"泡沫"，一字排开，说着家长里短，说着当今的好政策、好生活，一个个笑意盈盈，仿佛迎风招展的冬小麦，在等待着春天的到来。

在我的老家，老人们向来有冬天"晒墙根儿"的传统。不同的是，数十年前，村民老得早，寿命也短，大多五十多岁就步入了老年。他们要么反穿羊皮袄，要么头戴狗皮帽，要么脚蹬牛毛靴，在瑟瑟寒风中，靠着斑驳的土墙，一副摇摇欲坠的样子，远不如现在的老人光鲜。

我和老人们一一打过招呼，发现他们虽然越来越老了，但是都很慈祥，也很精神。他们笑呵呵地说我没变，还是以前的样子。并关切地问我忙不忙、累不累，嘱咐我注意身体。我忽然有种久违的温暖，同时也觉得很惭愧。自从父母亲走了之后，我就极少回村了，难得他们还认识我。常人皆说，双亲没了，家便没了。家没了，回村干什么？当下看，这个想法不对。家没了，家乡还在，乡亲们还在，不回来，实在不应该。

老支书知道我的来意，示意我回家聊去。我欲上前搀扶，却被拒绝了。他说自己的身体很硬朗，用不着。我只好帮他拎着马

扎,一起慢慢向他家中走去。

"你爹是我的入党介绍人,他大我整十岁,也当过大队(当时农村称大队)书记,我是他的接班人。"落座后,老支书拉开了话匣子。

老支书十几岁那年的一天,父亲悄悄地把他拉到一边,问他想不想入党。他反问,入党会不会牺牲?能吃饱饭吗?父亲听了,瞧瞧他有些稚嫩的脸庞,笑了。或许是老支书的回答令他感到意外吧。随后他收敛起笑容,用手扳着老支书的双肩,认认真真地说:"共产党打天下就是为了解决咱穷人的吃饭问题。打天下是神圣的、崇高的,不能在乎生命。听哥的,没错。"

"你爹的话我信得过,特别是最后一句。就这样,我正式加入了党组织。"老支书说,尽管他同意了,但还是想回家和爹娘说说,可是被我父亲制止了。

父亲告诉老支书,入党是秘密的,别人不知道,也不能说与别人,包括自己的亲人,要严守党的纪律和秘密。今后父亲就是老支书的上线,需要他参加活动时,自然会通知他。

"当时,一分区游击队的根据地在月明山深处,你爹是游击队小队长。"老支书点燃一支香烟,接着说,"打南村时,你爹是担架队队长。可能是考虑到我还不成熟吧,爬南山送情报,去涞源县和上级联络,攻打南村等等,有的没赶上,有的你爹没让参加,只在解放广灵县城时,才叫我参与了贴'大字报'行动。"

阳光穿过明亮的玻璃窗,洒在土炕上,一缕蓝烟从老支书的指间慢慢升腾、弥漫。说着说着,他停了下来,好大一会儿,不抽烟,也不喝水。那一刻,屋里静悄悄的,除了墙上钟表的嘀嗒声,别无响动。我默默地注视着老支书,透过氤氲的烟雾和他凝重的神情,我猜他一定是回到了昔日青春无悔的时光,回到了那些艰苦卓绝的岁月……

三

淡淡的月光下,石门峪朦朦胧胧,几百丈高的山崖刀切似的壁立在深沟两侧,高矗的石头和树木戳在上边,有的像猴,有的像兔,有的像狗……影影绰绰,依稀可见。猫头鹰凄厉的叫声不时在峪里骤然响起,让夜行者听了不寒而栗。

石门峪路崎岖,蜿蜒向南伸出,狭窄处,仅见一线之天。据《蔚州志》记载:"石门山在城西南四十里,山下即石门峪。两壁屹立,青绿相间,晓日初过,岚雨欲滴,行者如入画图。"这里说的景观就是著名的蔚州八景之一"石门浓岚"。据说,石门山上之岚光,千姿百态,富于变幻:时而烟云弥漫,浓岚欲滴;时而浮岚排空,一泻千里;时而如棉似絮,含情脉脉;时而烟波浩渺,气吞山河。有诗云:"一堑开万山,绿树缘翠壁。瞳朦晓日过,浮岚浓欲滴。道左谁盘跚,烟云湿衣裼。亲在画图中,画图亦可觌。"由此可见,"石门浓岚"之美,名不虚传。

可惜当时的父亲任务在肩,行色匆匆,无暇游览,也无心情游览。借着微弱的夜色,他和另一位游击队员骑着画眉驴疾步行走在幽深狭长的峪底。

这是父亲他们又一次奉命去涞源县和上级联络。

每每去涞源,他们必定选择夜晚行动,必定走蔚县的石门峪。不仅因为这条线路近,还因为这条线路相对安全。只要天一擦黑儿就从广灵动身,如不出意外,次日清晨就能抵达涞源县境

内的北坡底村。

广灵支队,也就是晋察冀军区第一分区游击第三支队(后成为一分区机动部队),当时就驻扎在这里。1938年9月,因广灵县划归晋察冀军区第五分区,而广灵支队仍隶一分区,于是离开广灵县到涞源县金家井地区休整。父亲他们到涞源就是去和广灵支队互通情报。

走着走着,峪路上的乱石越来越密,越来越多,驴不由得放慢了脚步。显然,这里前几天才下过暴雨,发过洪水,把本来就很不起眼的小路冲毁了。碰到这种情况,父亲他们只好从驴背上下来,牵着驴走上一阵子。这无疑会耽搁行程,却又无可奈何。这是他们不愿遇见的,却不是最不愿遇见的。

父亲最不想遇见的是在峪内碰到雨天。山涧但逢下雨,必过洪水。洪峰一过,他们去涞源联络的计划就会随之泡汤,至少也会延迟。那样的话,就得在白天赶路,危险自然而然加大。尽管每次动身前,他都会观天察云,尽可能选择在晴天行动,但是观察了广灵,却观察不到蔚县,何况沟峪气候多变!

有一次,他们刚进石门峪,不见乌云,也不见一丝细雨,却听得哗哗的水声由远及近。父亲凭经验觉得前边有洪水袭来,连忙拉驴上了山坡。还没等他们找个相对平坦一点儿的地方站稳,桀骜不驯的洪水便裹挟着树枝、藤蔓翻江倒海地冲了过来,惊得他们张口结舌,后背直冒冷汗。等洪水翻腾着过完,沟底略干,并能勉强插脚前行时,天已拂晓。由于任务紧急,他们只好继续赶路。可是刚到涞源,就碰到了日本兵的检查。

日本兵搜完身并翻查了驴背上驮着的粉条后,问他们是干什么的,父亲说是做小买卖的。翻译一听是外地口音,来了兴趣,接着问："八路？共产党员？"父亲回答说不是，可是日本兵听了不但不予放行，反而突然用刺刀顶住了他的胸膛，大声吼道："再不老实交代就崩了你。"父亲连忙装作很害怕的样子，向后趔趄一下，拱手作揖求饶。日本兵见状，又端详了他们一会儿，或许觉得不像八路军，这才把他们放走。

"类似这种盘查你爹遇多了，已经见怪不怪了。真正要他命的，好像是县城解放前被抓捕那次，你爹差点儿被填了枯井。"老支书的烟瘾很大，一边抽一边说。由于东蕉山村两个汉奸的告密，父亲和两个八路军战士赵全体、许元庆被逮捕。老家的地下党员得到消息后，赶紧组织全村所有村民签名保人，说父亲不是共产党员，也没有参加游击队，而是由于性格倔强，快人快语，得罪了人，遭人诬陷，并连夜将保书送到县里。

次日，张罗着保释的乡亲又早早地赶到县城，见父亲和那两个八路军战士已被五花大绑地押解到城外，被强行摁在枯井旁边，并没有释放。乡亲们一看，说，该托的人托了，该打点的环节也打点了，这次父亲怕是真的完了。

临近中午，枯井周围看行刑的群众愈聚愈多，嘈嘈杂杂，无不为他们惋惜。为了杀一儆百，日伪军要的就是这个效果。敌人看看时间差不多了，先后拉起赵全体和许元庆，一人一脚就将他俩踹进了井底。随后，拉起父亲走向枯井，走到井边后，没有用脚踹他，而是抓着他的胳膊用力向枯井倾了一下，做出往下推的样子，并没有真正推。见父亲没有求饶，又把他拉了回来，什么也没说，竟然出人意料地把他放了，着实让父亲和乡亲们虚惊一场。

四

夕阳西下时分,南村土堡像是被涂抹了猪血,堡墙是红的,树木是红的,庄稼是红的,就连不远处的莎泉水库也是红的,火烧云投影其间,随着水波微微荡漾,俨然一个燃烧的大火盆。

父亲和由石梯岭东西地区民兵组织起来的担架队、云梯队一起匍匐在南村据点周围的玉米地里,同晋察冀一分区十三团的两千多名八路军战士一样,在焦急地等待战斗的打响。

大地上依旧热浪袭人,风懒得吹,树叶懒得动,倒是蚊子不甘寂寞,聚拢一大群,悬在半空,嗡嗡嗡地叫个不停。

天色终于暗了下来,可是很快又被战火照得亮如白昼。

1945年6月28日傍晚,在一分区副司令员兼参谋长马辉的指挥下,八路军合围南村据点,并交替从土堡东门外的龙王庙、水利厅、关岳庙和西门外的三官庙屋顶,以及南门两侧、北面的真武庙背后,向敌人发起凌厉攻势。

一时间南村内外枪声大作,喊杀声震耳欲聋,田野在炮火中战栗不停。

父亲和他的队员们同八路军战士一起,一次又一次地冲锋,卧倒,冲锋,任凭子弹在头顶穿梭,任凭炮弹在身边爆炸。不同的是,八路军的武器是长枪,他们的武器是担架;八路军在进攻,他们在抢救伤员。

虽然三十余名驻守日军早已撤往大同,据点内只有伪大同省警备直属队三百余人和伪警察署警察五十余人,但是由于敌人墙坚炮利,弹药充足,加之外设三匝铁丝网和护堡水壕护卫,又负隅顽抗，战斗打了一整夜，竟未能攻克。

战斗愈是激烈，战士的牺牲就愈大，担架队的作用就愈加重要。诚然，担架队队员的牺牲也就愈大。就是在这次战斗中，我村冒名顶替哥哥赵举植参加担架队的赵举贤不幸壮烈遇难。

毕竟战争太过残酷，毕竟伤亡有些惨重。望着一批又一批倒下去的战士，望着一个又一个倒下去的民兵，有那么几个民兵胆怯了，商量着准备逃跑，被父亲及时发现并声色俱厉地制止了。

"谁跑谁就是人民的敌人！以后绝不轻饶！"父亲的话斩钉截铁，言犹在耳。

老支书说："打南村，在你爹的组织下，咱村好多年轻人参加了担架队。他们回来说，你爹过于'坚决'，吓得那几个人没敢再动跑的心思，但也从此把你爹记恨在心。"

我想，他们记住或者记恨父亲与否，并不重要，重要的是历史记住，后人记住，没有革命，没有流血牺牲，就不会有新中国的巍然屹立，就不会有今天的幸福安逸。

于是，在一个风和日丽的上午，我走进南村，走进广灵的这个第二大乡镇，适逢集日，街道上车水马龙，热闹非凡。这里的老百姓精于耕耘，勤于经营，自是物阜民丰。然而，从南至北，由东到西，我既找不到战争的枪痕，也看不见岁月的遗迹，就连见证了南村战斗的莎泉水库也没了踪影。空气中飘荡着烤串的味道，飘荡着油炸糖麻叶的味道，飘荡着五香豆腐干的味道……就是嗅不到历史的气息。

于是，我翻阅《广灵县志》，查找关于攻打南村的记载，却只看见寥寥一笔，总共不到五十个字。在其《烈士名录》里，搜寻老支书提到的几位烈士，却只找到赵举贤的名字，说死于南村

作战,没有找到被填了枯井的八路军战士赵全体和许元庆的名字。

也许当时记录牺牲的将士时,把他们漏掉了。这不奇怪,历史上有太多的无名英雄、无名烈士。广灵这么小,玉福山烈士陵园里尚有无名烈士墓,可想长城内外,无名烈士更是不计其数。

也许老支书记错了,毕竟年代久远。但是又觉得这种可能性不大,一个能把八路军战士的牺牲经过牢牢记在心里的老人,也应当清楚地记着他们的姓名。

顺着老支书断断续续的回忆,父亲的革命足迹时而清晰,时而模糊。尽管所能查找的资料非常有限,尽管知道父亲革命历程的人少之又少,尽管父亲的战斗故事并不完整,但是,透过老支书的叙述,我依然能够感受到父亲当年的坚定信念和革命激情,依然能感受到父亲当年的矢志不渝和满腔热忱。

一盒鞋垫

家里珍藏着一盒鞋垫，有棉线的、有毛线的，有已经穿过的、有原封未动的，五颜六色，形态迥异。

这些鞋垫都是手工制品，全是别人赠送的，有亲人，也有陌生人，应该都是出自农村妇女之手。可以想见，她们农闲时节在灯下、在街上、在炕头专注地纳鞋垫的情景——有的盘着腿，有的弯着腰，穿针引线，把一丝丝眷念、一片片真情，抑或美好的寄托、殷切的期待……全部纳进鞋垫。

小时候穿鞋也垫鞋垫，但那时的鞋垫薄薄的、软绵绵的，多是缝纫机做的，一走路就从鞋后跟往出退。特别是刷洗之后，变得皱巴巴的，退得更厉害，用不了多久就垫不来了。

第一次垫上厚厚的绣着图案的手工鞋垫是在老山前线。一天，我们从扣林主峰执行任务回来，通信员就通知各班派一名战士去连部领慰问品。拿回来一看是鞋垫，有的绣着栩栩如生的花鸟虫鱼，有的绣着惟妙惟肖的飞禽走兽，有的中间还绣着大红的"献给最可爱的人"字样，让人喜出望外。

听说这是北方几个省的民政部门组织当地的妇女用了一个多月时间才纳成的，其中就有我的家乡山西省。为了支持我们打胜仗，后方亲人的良苦用心由此可见一斑。

领到鞋垫的当天，大多数战友就用上了，还美滋滋地走来走

去,神气十足。起初,我舍不得垫,心想:工艺品似的,踩在脚下太可惜了。后来听战友们说,垫上既吸汗又不怕钉子扎,也就垫上了。也是,我们穿的胶鞋底子薄,每天不知得翻越几座大山,加之云南的天气酷热难当,脚底下始终湿湿的、黏黏的,还是垫上为好。

鞋垫虽然用过了,有的甚至刷得变了颜色,有了破损,但是我始终没舍得扔掉,至今仍完好地保存着。每当看到它们,我就会情不自禁地想起赴滇参战的岁月,想起在硝烟弥漫的边境线上排雷的画面,想起和战友们一道深入敌后"抓舌头"的情景……尽管三十多年过去了,但往事仍历历在目,仿佛发生在昨天。

盒子里的鞋垫,绝大多数是母亲晚年为我们纳的。有我的、有爱人的、有闺女的,大大小小,美艳绝伦。记不得是哪一年春节前夕,我们全家回乡下看望母亲,临别前,母亲突然拿出一摞鞋垫塞到我的手里,笑着说:"和邻居找了几个样,给你们每人纳了两双,够垫一年的了。"

那时,母亲已经七十几岁了,还患有肺心病,加之老眼昏花,得费多大气力才能纳成这些鞋垫啊!我告诉母亲,孩子们穿运动鞋不用垫鞋垫,我和爱人穿皮鞋不能垫鞋垫,一垫就夹脚,穿不来了。说这话,既是事实,又是心疼母亲。可是母亲依然故我,每到年前,就会拿出已经纳好的鞋垫,说:"垫双鞋垫喜喜气气过年。"我这才注意到,母亲在每双鞋垫的中间要么绣着"喜"字,要么绣着"福"字,红彤彤的,喜气吉祥,用意不言而喻。

就这样,坚强的母亲坚持为我们纳了六七年鞋垫后抛下我们走了。到最后两年,母亲勉强只能纳一双鞋垫,是给我的,由此不难看出老人家对儿子的一片深情。母亲想用这种方式给我留下念想，其实，她为我们付出的何止这些，恐怕几天几夜也倾诉不完母亲的恩情。

母亲走后，我想这下没人给我纳鞋垫了。我也的确用不上，母亲为我们纳的鞋垫和我在老山前线垫过的鞋垫，我都收藏在一个盒子里，连同我的思念。不承想一年后竟然又有人给我送来了鞋垫。

这次送我鞋垫的依旧是位农村妇女，湖南籍人，之前我们只见过两次面。用她的话讲，无以回报，得闲纳了两双鞋垫赠予我，以表谢意。其实，我只是从良心出发，做了一点儿力所能及的事情，根本不值一提，可她却记着，并在伺候患病的丈夫和女儿的间隙，用心做了鞋垫。小小的鞋垫论价也许不值几个钱，可是一针一线无不承载着深深的情义。

事情是这样的。有一天，我到一个朋友的店铺小坐，适逢他们村的一个邻居来访，并谈到同村的一个家庭，丈夫得了尿毒症，女儿得了白血病，债台高筑，非常可怜。我插话道，如果情况属实，何不寻求政府给予大病救助？过了几天，朋友打电话让我去一趟他的店铺。在那里，我第一次见到了这个脸色憔悴的湖南妹子。朋友说，她把家人就诊、住院的票据复印件和村委会的证明全拿来了，你帮着写份申请，往上递。我看看、算算，有大同的，有北京的，足有十多万元。见是实情，我欣然答应帮忙。

又一天，我接到一个陌生电话，是那位湖南妹子。她说，民政部门给了好几千块钱，谢谢了！这点儿钱，杯水车薪，能干什么？我说："我和县志愿者协会会长是朋友，你的家庭情况他们估计不知道，我和他联系一下，让他给你组织一场募捐活动。"之后，我们有了第二次见面，在县城广场，志愿者协会帮她募

捐,她站在钱箱旁,不停地向捐款的人们鞠躬致谢……

没多久我就淡忘了此事,没想到她还一直记着,而且记得很真。接过鞋垫的那一刹那,积贫积弱的她在我的眼中一下子高大起来——家乡的小伙子们从南方娶了不少媳妇,云南的、四川的、湖南的,她们来这生活了没几年,发现经济状况远非原先想象的那样,有些人丢下儿女、老公跑了。而她在家庭遭遇重重困难的时候,没有选择逃离,而是勇敢地挑起了生活的重担,不屈不挠。特别是她还懂得感恩,实在令人尊敬。

这盒鞋垫,我时常拿出来晾晒,一是防止鞋垫发霉,二是防止心灵发霉,让它们提醒自己,勿忘亲情,勿忘恩情。

一盒鞋垫,一盒故事,收存在家里,珍藏在心里。

一条破裤里

在一次座谈会上,我听到了一条破裤里的故事,并被深深震撼。

故事发生在一位声名显赫的老总身上。如果不是他亲自说出,有谁知道这位功成名就的老总经历过窘迫、艰辛?又有几人了解他曾经遭遇的孤立无助和困惑迷惘?在自己的企业蒸蒸日上,一年一个台阶,跨越式发展的时候,娓娓道出破裤里的故事,可谓意味深长。

这条破裤里,是他50年前结婚时穿过的,现在仍珍藏在家里。虽然大补丁上落小补丁,漫长的岁月已将它荡涤得褪去了原有的颜色,没有一点儿实用价值可言,可是他依旧舍不得丢弃,并且每年都要不厌其烦地叮嘱妻子:"千万不要扔掉啊!"

他说,每年至少要晾晒一次破裤里,每次都要数数补丁数,足足106块,没数错过。一条裤里,居然落了这么多补丁,可想它破烂不堪的程度,可想它经历的苦难与伤痛。我深信,每一块补丁下都潜藏着一个辛酸的故事,也记载着他的不懈努力和奋斗不息。

也许对于弱者来说,磨难是他们前进的绊脚石,是漫无边际的地狱,但对于强者来说,则是取之不竭的宝贵财富,是他们奋进的阶梯。从他由落魄、挣扎到奋斗、成功的这条曲折坎坷的路

上,我仿佛看到了勾践卧薪尝胆的从容不迫,看到了陆游吟哦"天下之事,常成于困厄,而败于奢靡"的气宇轩昂,看到了"灵魂和观念的力量主宰肉体"这句至理名言的深刻影响。

一条千疮百孔的破裤里,宛若一本生动的教科书,被这位老总虔诚地保存着。在他的眼里,它的价值远远超过那些古董名画和珍珠翡翠。他小心翼翼地呵护着这条破裤里,就像呵护着一件金缕玉衣,年年拿出来看看、摸摸、数数,那些沧桑岁月,那些风餐露宿的画面就会拂面而来。

"以铜为鉴,可以正衣冠;以古为鉴,可以知兴替;以人为鉴,可以明得失。"这条破裤里,对于这位老总来说,就是那"铜"、那"古"、那"人"。不仅反映着他的过去,也照耀着他的现在和将来。难怪他比一般人更明白创业的艰辛、守业的艰难。难怪他一直提倡艰苦奋斗、勤俭持家。难怪他对贫寒学子和困难乡亲总是慷慨解囊、有求必应。

他忘不了贫困,因为贫困像一把烧得通红的烙铁,曾经残忍地烫过他的心。他忘不了破裤里,忘不了那些艰苦的日子,更没有忘记自己的使命,那就是,带领大家早日实现"企业大发展,员工大发财"的梦想。

异地故乡情

人,往往只有去了异地,才会掂量出故乡在自己心中的分量有多重;也只有在那时,才能真正地感悟到对故土那种刻骨铭心的情愫来。特别是节假日,当孤独寂寞的你,望着别人兴高采烈地载歌载舞抑或吆三喝六地猜拳行令时,思念便会像仲秋的风一般,如期而至,将你折磨得泪眼迷离,凄凉无比。

我在外地(部队)生活了十三年,时间不算短,上述的感受可谓深矣。因而,每当从路人的攀谈中听出乡音,哪怕是大同周围的,如张家口的、集宁的,也会拉着人家认老乡,并热情地"唠"会儿家乡话,甚至不惜破费,力邀人家去附近的酒店开怀畅饮——为了那久违而动听的乡音,更为了那份浓郁的乡情。

战友们闲时都爱聚在一起"侃大山",且每次摆的"龙门阵"基本上都是"故乡"这个主题。而名胜古迹又往往是所有人引以为豪的谈资。不论是瘦山还是枯水,通过各自绘声绘色地描述,便会在不知情者的心中逐渐丰满起来,高大起来,润泽起来,雄阔起来。

都说看景不如听景,那是真的。我对许多著名风光的初步了解,大多来自战友们的"龙门阵"。从古老、峻峭的泰山到壮丽、

伟岸的黄山；从烟波浩渺、荷花如织的洪湖到浩浩荡荡、汹涌澎湃的长江；从令人"宠辱皆忘，心旷神怡"的岳阳楼到"孤帆远影碧空尽"的黄鹤楼……听得人恨不得横插双翅，飞临其境，一饱眼福而后快。尽管如此羡慕、向往，然而我却从不轻易将神情流露出来——毕竟，再好，那也是人家的。在战友们相互高声夸耀自己家乡的美丽时，我一般知趣地在旁边洗耳恭听，将"大把""大把"的机会让给他们，因为我深知自己的确没有多少谈资可供披靡。偶尔，实在憋不住，也会话闸大开，谈水神堂，谈圣泉寺，谈下河湾……一样的神采飞扬，一样的唾点四溅。虽然他们从没有听说过这些地方，少有附和声，但这并不影响我激昂的情绪，妨碍我炫示故乡的权利。尽管她的知名度很小，和那些遐迩闻名的名胜古迹比起来，是属小巫的，但他们也得承认：水神堂不比蓬莱仙岛逊色，圣泉寺也不比慈恩寺差劲。而且，我发现，战友们的神态也是"愣愣"的，如我听他们讲西双版纳的旖旎时一般——也许，他们也遗憾自己的家乡没有这么秀丽的景致而心仪我故乡的水神堂吧？

"儿不嫌母丑。"故乡，在游子的心中就是这么完美、圣洁，容不得任何人的丝毫玷污与蔑视。记得前几年，"山西假酒"事件弄得全国沸沸扬扬时，我们这些山西籍的战士好没面子。仿佛那些事端因我们而起，犯错误的是我们。然而，每当其他省籍的战友拿此调侃乃至攻击我们时，却不相让。唇枪舌剑，大有不争出"人说山西好风光"的结果来，誓不罢休。以至于，老乡们去饭店饮酒时，指定非汾酒不喝。老板说没有，并解释说假酒搞得人心惶惶，无人敢喝。不听，立马走人，换别的酒楼……说来也真寒心，有时转七八个饭店也找不到有卖汾酒的。

可是，当我重又回到故地，不是做短暂的逗留，而是长期留下来，再也不离开时，竟然不可思议地念及异乡的秀美山川与风和日丽，而对家乡的诸多风光熟视无睹了。我不知，是否人都这么"贱"？

悠悠挑水路

晨练后常去离家不远的菜市场买菜，由于县城小且集中，在那里碰见熟人是常事。一天，正在专心挑选菠菜时，忽听有人喊我的名字。一看是位中年妇女，不认识；再看，觉得有点儿眼熟，想不起在哪里见过。她看出我对她已没有印象，就说，咱俩是一个村的，并自报了姓名。我恍然大悟，原来是老家邻居的二姑娘。

小时候我几乎天天去她家挑水，对她自然是熟悉的。记得她比我小一两岁，在她母亲的授意下，还曾帮我抬过几次水。后来我当了兵，就再没见过她，她嫁到了哪里？夫君是干什么的？有几个孩子？生活境况如何？对此我一无所知。仔细一算，三十多年过去了，难怪模糊了印象。时间能够改变一个人的记忆，却改变不了一个人的经历。有些经历会永远铭刻在人的脑海中，甚至灵魂里，任凭岁月如何抹擦，也去不掉。我以前到她家挑水的情景就是如此。

我生活过的东崖头村，大多数人家没有水井，却养着骡马或者猪羊，这无疑增加了家庭的用水量。于是乎，到有井人家的院里排队挑水，就成了乡亲们当时必做的一项工作。有的人家小气，承受不了人们日复一日到院里挑水的烦扰，就常常有意无意地在里面插了院门，或者落了门锁，任凭挑水的人怎样叫唤，就是不去开门，装作没听见。久而久之，人们明白了这家人的意思，就去别的人家挑水了，哪怕道路偏远些。

她的父母为人厚道，与人为善，一年四季，不管挑水的人有多少，不管夏天把院子洒成泥河滩，还是冬季把院子淋成"溜冰场"，始终敞开着院门。有时家里做了稀罕饭食，还会吆喝正巧来挑水的人们进家品尝。

我家离她家只隔几个院落，不足百米。但在我当时看来，路途之遥远，举步之维艰，不亚于红军的"长征"。每次挑水，中途不歇上几次，不一而再，再而三地自我加油鼓劲，是很难到家的。尽管倍加小心，但每次下来，裤腿和鞋面都会洒满井水、溅满泥巴。遇到寒冬，瞬间结冰，不在炉火旁烤上一阵子是不会轻易干掉的。

由于年龄只有十来岁，加之个子又不高，起初，母亲只为我备了一只小桶，盛水量是常用水桶的一半大小，我就拎着这只小桶去她家提水。提水走路是很有讲究的，力气小是没法单手提着水桶，贴着裤子直行的，得双手提着桶环把水桶悠起来走 S 形才省劲。

随着年龄的增长，母亲又为我配了一只小桶，让我改提水为挑水，再后来见我有劲了，就换成大人挑水的大桶了。不管是用小桶还是用大桶，都避免不了用绳系着水桶从井下往上提水的过程。这个过程看似简单，却是个技术活。如果用不对劲，即使忙碌半天，水桶也倒不下，依然漂在水面上，心急如焚却一筹莫展。特别是冬天来临，井沿被厚厚的冰凌覆盖，人站在光滑的井沿上，战战兢兢，就更没了主意。我经常遇到这种情况，孤独无助的时候，就仰望天空——燃着火苗的，嵌着棉团的，舞着雪花

的，飘着细雨的……同一片天空，在我的仰望中幻化出各种各样的颜色和景致，直到又有人来挑水，或者是她的父亲、母亲见到我发呆的时候，帮我打上水来。

会打水的人，往往一气呵成：眼瞅着桶底刚一接触水面，然后朝一个方向猛然抖动井绳，水桶就会顺势栽倒并一头扎进水里，接着一提，满满的一桶水就有了。这就好比人们从事的工作，有的人一学就会，一干就得心应手，技压群雄，出类拔萃；有的人则自始至终学无所成，无声无色，混吃混喝。不过，有时生活常常跟我们开玩笑，由于出身不同、关系不等、靠山各异，往往越是优秀的越得不到提拔重用，愈是平庸的愈平步青云，前途无量。

站在井沿打水是很危险的，尤其是小孩子，稍有不慎就会跌落井下。有一年冬天，我刚吃力地把水提出井口，不料脚下一滑，"哧溜"一声摔倒在地，井绳立马脱手并与水桶一起掉入井里。她的父亲知道后，连忙取出搭钩，在寒风中费了好大劲，才帮我把水桶捞上来。回头还不忘到我家提醒母亲："看看孩子吓着没，要是吓着了，记着到井口叫叫'魂'去。"

不觉，我磕磕绊绊地在挑水中长大了。当挑水已完全融入我的生活，水桶已成为我身体的一部分，我再不害怕挑水并可以颤悠着扁担轻松前行的时候，家里装上了压水井，就是那种一根管子插到地下、上边有截"缸筒"外加一根压杆的水井。这种水井轻巧省力，只要将一瓢引水倒入"缸筒"并反复提按压杆，就把水吸上来了。

从此，我脱离了挑水的日子。我的双肩已经习惯了压力，习惯了负重行走，不挑了，反而有些不自在，空落落的，好像生活失去了什么似的。

就此,我告别了劳动的篇章。在这段艰辛的挑水路上,我踉跄的脚步和摇晃的水桶,曾经密密麻麻地写着励志的诗行。可是现在,这种情愫不见了,犹如雁阵飞过,空余雁鸣在心中一遍又一遍地回响。

有时,我会从门簪上摘下早已磨得光亮的扁担摩挲一番,然后放在肩头,用手抓住两边的绳勾,做出挑水的样子,有种翩翩欲飞的感觉。有时会想,人的肩头少些压力好还是多些压力好?到底哪种情况更有希望?

由花和叶说开去

花是娇艳的。蓝的、黄的、粉的……姹紫嫣红,妩媚妖娆,令人赏心悦目,流连忘返。

花是夺目的。即使长在悬崖边、深涧旁也难掩芬芳,更不会暗自神伤,因为自有赏花者历经艰险而来,或投以深情,或报以叹息。

花是销魂的。世间自从有了这一绝伦的尤物,才美丽有加,异彩纷呈。不过,它们常常有意无意间迷乱了人性,并导致许多悲剧,不知是花之过,还是人之过。

人们在鲜花面前,总会流露出一种采摘占有的欲望,流露出一丝自愧弗如的卑怯,流露出丑陋汗颜的一面。尽管有被花扎伤的危险,甚至还会遭到非议,但谁也阻止不了他们对花的痴迷——不是愈来愈疏远,而是越来越靠近。他们既爱恋花的颜色,更贪婪花的芳香。如此,那么多人前赴后继,宁愿在花中做鬼也要风流,而且无怨无悔,就好理解多了。

花美,咏者自然无限。翻开诗书,不难看到大量的咏花佳句,"荷叶罗裙一色裁,芙蓉向脸两边开""桃花流水窅然去,别有天地非人间""不是花中偏爱菊,此花开尽更无花"……叹花、赞花而不醉卧花丛,不一味地、盲目地怜之、惜之,方为花中君子,人间圣贤。

其实在花的周围,还有许多可贵的东西,无非它单调了一些，单纯了一些，没有引起人们的足够重视而已。这便是叶，甘愿奉献青春、不图回报的叶。

叶与花相比，是平庸的、苍白的。从春到秋，从"小荷才露尖尖角"到"无可奈何归根去"，一直寂寞着，在层层叠叠的浓荫里度过无人折弄的安宁时光。既不问功名利禄，也不问前程美景，尽职尽责地贡献着自己的力量，陪衬着鲜花。这也许就是本分与职守的深刻内涵。

叶的生活是平淡的、机械的，它们周而复始忙碌的是同一件事，不分昼夜辛劳的是同一件事，不像花，花有花开花落、温馨浪漫的时候，而叶只能在孤寂平静中度过每一天。无关太阳光照，也无关月亮辉映，始终保持着默默无闻的姿态和心境，保持着与生俱来的质朴与醇厚。

其实，平心而论，花是离不开叶的，所谓"好花需要绿叶扶"也就是这个道理。叶的功劳是任何花替代不了的，这就好比足球比赛，进球者固然可敬，但如果没有队友的默契配合和完美传递，就不可能有精彩瞬间的绽放。

因此，无论是花还是叶，都应该对自己有个清醒的认识和恰当的定位。作为花呢，不要高高在上，鄙视叶，忽略了自己赖以生存的基础。作为叶呢，也不要心怀卑微，暗地里抹黑花。既不要相互排挤，也不要相互责怪。有功的不要居功自傲，无功的也不要"吃不着葡萄说葡萄酸"。

诚然，作为人呢，不能戴着有色眼镜看待花和叶，厚此薄彼。既不要过分青睐花，也不要忽略了叶。只有这样，只有团结协作、相扶相携，生活才会有滋有味、锦上添花，工作才会紧凑高效、百事大吉。

在黄花中穿行

云州因花而名。走进云州，便走进了花的世界。

花是黄花，是《诗经》里提及的谖草，是《博物志》记载的萱草，也是诗人笔下的忘忧。写黄花的诗词很多，但我最先想起的，不是诗人孟郊的《游子》，也不是大文豪苏东坡的《萱草》，而是黄巢的"冲天香阵透长安，满城尽带黄金甲"和李清照的"莫道不销魂，帘卷西风，人比黄花瘦"。身为大同人，暗自思忖，不觉羞愧万分。

站在黄花地头，放眼望去，内心不由得震动了一下，又震动了一下。以前见过成片的黄花，也想象过云州的黄花面积之大，但不曾想这里的黄花竟然浩如烟海，灿若星辰。但见一朵朵黄花亭亭玉立，宛若一支支小喇叭在四处播放着云州人民脱贫致富的喜讯，又好似一个个仙女降临人间，在万顷碧波里悠然沐浴。

七月的阳光正盛，不知是顽劣成性，还是见到我们百人采风团欣喜异常，欢呼着，雀跃着，从一朵黄花跳跃到另一朵黄花，从一块田地跳跃到另一块田地，金灿灿的，排山倒海般直逼眼前，晃得人分不清哪是黄花，哪是阳光。

任何自豪感都不会凭空而来。在有机黄花标准化种植示范基地和一位菜农攀谈，他骄傲地告诉我，早在1600年前，云州黄花就成了北魏皇家宫廷的重要菜品。600年前，大同代王府的皇妃们便用云州黄花泡茶待客。听了他的话,我一下子恍然了,难怪前些日子习主席到山西考察扶贫工作,首站就来到大同,来到云州的黄花田间;难怪著名影星成龙愿意免费为云州黄花代言;难怪"大同好粮"把云州黄花作为主打品牌。

看着眼前袅袅婷婷的黄花,我蓦地想起了金针姑娘的美丽传说。明朝末年的兵荒马乱中,云州倍加造村生机盎然的黄花菜被士兵们踏得不成样子。当地有个名叫金针的姑娘,看到后十分痛惜,于是就对其精心管理培植,结果黄花菜死而复活,开满了醉人的鲜花。在金针姑娘的带动下,众多乡亲在坡坡岭岭、沟沟畔畔、田埂地边、房前房后都种上了黄花,并在第二年战乱平息之后开了黄花店,过上了好日子。

正想着,忽然一阵暖风扑面而来,仿佛母亲的叮咛、母亲的关怀,吹得人心潮澎湃,吹得人泫然欲泣。

"萱草生堂阶,游子行天涯。慈母倚堂门,不见萱草花。"自古以来,黄花便和母亲联系在一起。穿行在光彩夺目的黄花中,母亲的形象不时浮现在我的脑海。

犹记老家院落种植的几丛黄花,每到盛夏花开的时节,母亲就会在黎明时分起来,将黄花摘下、蒸熟,然后把它们逐个码放在用高粱秸秆做成的篦子上晾晒。在晾晒的过程中,她还时不时地给它们翻身,并将其捋直。母亲说,这样做,一是为了品相好,二是为了便于存放。果然,晒干的黄花,只要够了一把,她就会用皮筋将它们捆扎好,整整齐齐,黄里透着红,红里泛着黄,色泽温润,清香扑鼻。

云州黄花遍地,据说种植面积达十七万亩,几乎人均一亩黄花,无疑是云州祭出的富民大手笔。但是,黄花再多、再艳,也

不只是供于观赏的，最终都要摆上餐桌，成就人们的口腹之欲。

没到云州之前，不知黄花竟然可以即摘即食，既可以凉拌，也可以热烹；既可以做成黄花酱、黄花茶，也可以做成黄花酒、黄花面膜；既可以成为寻常百姓的桌上餐，也可以成为皇家王府的柜中药。而在我的老家，乡亲们只知道把黄花做成干品，用其烩豆腐，或者和麻花一起烩豆腐，真是辜负了黄花的美名与美味。

一路走来，除了能够感受到浓郁的黄花气息，还能感受到火山的气息、桑干河的气息、黑陶的气息，让人不能不扼腕咏叹，云州历史之悠久、文化之灿烂，惊愕于这片土地的苍茫、厚重和神奇！

重走军营

一

熟悉的大门，熟悉的营房，熟悉的军徽……在阔别十八年后，当我再次来到唐山，重新走近老部队，竟然有些不知所措。曾经一次次出现在梦境，曾经和战友们在电话中、在QQ里、在微信上，一次又一次地聊起，一次又一次地相约，回老部队看看。即使那里已经荒草覆盖，哪怕那里已经遍布蛛网。可是当我像一个离散的孩子，刻意挺着军人才有的腰板，迈着军人才有的步伐，怀着复杂的情感，步履匆匆地来到老部队时，却发现这里已经生疏了许多。

警卫的盘查，让我意识到自己不再属于这里。我不再是那个身着军装，可以随意进出大门的老兵了。我不再属于这里？

一遍又一遍地回忆，一遍又一遍地打量，不敢相信这里变了模样，也不敢相信这里没变模样。蓦地，一股热乎乎的潮流涌上心头，抑制不住的泪水夺眶而出。迷离中，我仿佛又看到了战友们摸爬滚打的身影，听到了战友们豪情万丈的歌唱。

一切恍若发生在昨天。

战友们好像知道我的心思似的，特意安排我住在了老部队的

招待所。其实招待所也是后建的,并非原来的招待所。这里原来的建筑应该是礼堂,大家看电影看演出的地方,是我们非常留恋的地方,承载着战友们太多的欢乐。现在礼堂不见了,彻底退出了历史舞台。也许老部队改为预备役师后,战士少,用不上。

记得部队每周演一场电影。每每那时,战友们以连为单位,排着整齐的队伍,迈着雄健的步伐,喊着嘹亮的口号,从不同的营房不同的方向向礼堂走去。"一二一""一二一""一二三——四""一二——三四"……一路上,除了"唰唰"的摆臂声,就是响彻云霄的口令声和口号声。大家按捺着内心的激动,以排山倒海的气势呼喊着,试图压倒其他连队。

进入礼堂坐定后,电影并不急着放映,而是待各个连队拉歌一阵子后才开始上映。这段时间最鼓舞人心,也最能体现士气。一般是一个营的其中一个连队向另一个营的其中一个连队拉歌,也有独立连向独立连拉歌的。譬如工兵营的道桥连向通信营的无线连拉歌,或者警卫连向防化连拉歌。

彼时,礼堂成了欢乐的海洋,"挑战"声不断,歌声不断,掌声不断——"侦查连呀么嗨嗨,来一个呀么嗨嗨,你们的歌声西里里里嚓啦啦啦嗦罗罗哒,唱得好么么嗨嗨""侦察连来一个,来一个侦察连"。这是在向侦查连拉歌,往往一次奏效,被拉连队会立马放声歌唱。要么唱《打靶归来》,要么唱《战友之歌》……全是军旅歌曲,一般不唱流行歌曲。流行歌曲软绵绵的体现不出士气。有时,被拉连队唱完还会继续被拉。"侦查连唱得好不好?""好。""再来一个要不要?""要。""鼓掌。"接下来就是有节奏的掌声,啪啪啪,啪啪啪,啪啪啪啪啪啪啪,"快!快!快!"这时,侦查连的指挥就会应声再次站起,指挥本连的战友们再唱一曲。往往是你方唱罢我登场，一支接着一支，此起彼伏，声振屋瓦，直到电影开始放映为止……

二

夜越来越深，我却久久不能入睡。尽管坐了一天车旅途劳累，尽管大家久别重逢喝了不少酒，但是睡意全无。曾经的部队生活像电影一样在脑海浮现，一个场景接着一个场景，一个片段连着一个片段，有的泪染衣襟，有的笑破残阳，有的叱咤疆场，集中展演一般。

我索性走出房间，径直走上似曾相识的林荫大道，才发现原来没睡的还有满天繁星和一轮皓月。路边的树木没变，还是泡桐。夜风轻拂着，经过我的脸，在我的耳边呢喃，像是要告诉我什么似的。树叶轻微地响着，若不细听还真听不到。也许它认出了故人，在同我热情地打招呼。

夜风温柔，我的心也无比自然地舒展开来。

当你到一个地方出差或者路过，忽然想起一位朋友生活在这个地方，并高兴地打通他的电话时，得到的答复是他正好出差了。这时的心情，好比一只正在展翅飞翔的小鸟，突然被一块石子击中，从天空扑棱掉下来，摔得生疼。

几次折腾，人愈是怕了，我甚至不敢再奢望感情。但是，令人欣慰的是，这次重回军营，我发现战友那浓浓的真情没变。泡桐还是以前的样子，虽然粗枝大叶，谈不上潇洒，更谈不上美丽，却给予了我美好的回忆，给予了我重回故乡的感觉，让我的唐山之行倍感温暖。

行至营房西边，正准备继续走向我曾经生活和战斗过的工兵营和通信营时，发现一面高墙挡住了去路。迎面的幢幢高楼黑黢黢地耸立着，我寻找它们的眼睛，却没找见，但我知道它们躲在黑暗处瞅我，虎视眈眈的，似乎对我的到来颇感意外。也许我惊扰了人家的美梦，应该道歉。

老部队西边的营房全不见了，整个营区所剩不足当初的一半。我念念不忘的工兵营和通信营就这样淹没在城市现代化的开发建设中。好在营区没有完全被扩建的"大脚"踏没，给一个个老兵留下了些许圆梦的地方，使他们对老部队的情感有地方淋漓尽致地宣泄。

本来准备去看看工兵营和通信营连接处的围墙豁口在不在，这下看不成了。听老兵讲，大家移防到这里时，那堵墙已经少了几块砖成了豁口，成了战士们节假日拿不到外出证时翻墙外出的必经之路。久而久之，连警卫连的纠察队也知道了这个秘密，以至于常常在墙外张网以待，害得许多战士因此被点名批评，甚至背上了处分。

工兵营记载着我的成长历程，也记载着我的爱恨情愁。这里是我梦开始的地方，也是我痛苦结束的地方。忘不了河北籍赵连长的殷切关怀，忘不了江苏籍董班长的深情帮助，是他们给了我兄长般的温暖，是他们抚慰了我受伤的心灵。1986年4月，长达半年之久的新兵训练结束后，我被分配到驻防在隆化县县城的工兵营地爆连（后移防唐山市），也就是董存瑞牺牲的地方。在这里，我第一次找到了家的感觉，第一次觉得部队并不坏，第一次觉得选择当兵没错。

工兵营是我的大本营，在我的军旅生涯中举足轻重。从这里

186

我奔赴老山前线，从这里我走向士官学校……无论我走到哪里，一二年或者三四年之后，我就又回到了工兵营。我就像那放飞的风筝，而工兵营是牵扯我的那根风筝线。1986年8月，师里抽调各兵种组成侦查合成连赴滇参战，我们连抽调八名，而新兵就我一个。记得当时老连长对我的内蒙古籍孙班长是千叮咛万嘱咐，要他保证把我安全地带回来。凯旋回到工兵营后，为了能让我顺利地考取军校，他没让我跟随连队去大山深处维护坑道，而是叫我留在营房值守，安心复习备考。从士官学校毕业后，已是副营长的老连长毅然决然地把我要回工兵营，并让我留在了营部。

三

不是每一个地方都值得留恋，也不是每一个地方都值得回忆，通信营在我的军营生活中同样不可或缺。1994年我调到通信营通信连没几年，老部队被撤编了，通信连成了我军旅生涯的最后一站。

说起通信连，不能不说到邵连长，一位重情重义颇具将帅才华的好大哥，大家私下都叫他"邵六子"。这次回到唐山，战友小蒋把我从火车站接上后，我就急不可耐地向他了解邵连长的行踪。记得我转业那年，他调到了承德军分区。小蒋告诉我，邵连长转业时选择了自主择业，现在就住在唐山，拥有自己的公司，还开着饭店，可谓风生水起。正说着，小蒋突然对我说："那不是邵连长吗？"十字路口，但见他正风风火火地通过斑马线。小蒋大声喊道："老邵，你看车上是谁？"邵连长闻声转头脱口喊出我的名字。瞬间，泪花模糊了我的双眼……

　　这就是缘分，我相信缘分。其实，我和唐山也有缘分，起码是缘分未尽。我喜欢唐山，喜欢这座现代化城市淳朴的民风和优美的环境，还有那湿润的季风型大陆性气候。特别是这里的市民，对当兵的那是真好，从心里好。关键是这里有我的好多铁杆战友。他们有的娶了唐山姑娘，有的已官至副营乃至更高级别，妻子已经随军，大多转业留在了唐山。我转业那会儿，也想留下，想和他们待在一起，继续无拘无束地疯玩，继续不醉不归地畅饮，继续无微不至地关照。然而唐山没有接受我，唐山注定是我的一个梦，我注定是唐山的一个过客。

　　唐山是我理想升腾的地方，也是我理想破灭的地方。有过奋斗，有过纠结，留下了太多的欢笑，也留下了太多的遗憾。当一起就读士官学校的战友纷纷提干，肩上缀了"星星"的时候，我依旧是一名士官，一名念过军校的士官，一名有学历的士官。尽管1995年我被提名提干并上报到军部，但由于名额逐年递减，竞争激烈，终究这辈子与干部的身份无缘。

　　或许错误发生在大同。那一年，当我被部队煤矿矿长要到大同不几个月后，司务长提干工作毫无征兆地开始了。而且明确只提建制连队，不考虑生产单位。我那个急呀，但总不能刚调过来就马上忙碌着往回调吧？那成什么人了？我觉得，不管不顾别人感受和处境的人是卑鄙的、可耻的，是不值得交往的，是难堪大任的，我还得考虑军矿的工作。再则，即使立即再调回去，哪有位置等着？"一个萝卜一个坑"，一个连队只有一个司务长啊！

　　就这样，矿长说等和师部争取一个指标，结果一直没争取上；就这样，一晃三年过去了，我还是原来的样子。好在不多时我又回到了老部队，不过驻地不是隆化县，而是唐山市了。再则,这次不是调动回来的,而是被"撵"回来的——这一年,驻晋所有军办企业被要求全部撤离山西。

我想,假如我当时不去军矿,或许早就先人一步提干,因为我的工作干劲、工作能力、工作成绩大家有目共睹,两枚军功章可以为我作证;假如我提了干,可能又很快提职,我就能堂而皇之地留在城市,或许我的人生和命运是另一番光景……然而,现实是残酷的,人生没有太多的假设,命运也不是全部掌握在自己的手里。

此时此刻,我忽然想起孔夫子的一句话:"人不可与命争。"毋庸置疑,命运面前人人都是滔滔江水中的一截树枝,漂到哪里?何时沉浮?由不得自己。

夜风渐大,时令虽已是暮春,却也寒意袭人。泡桐叶子哗哗地响起,似乎在关心地催促我进房休息。我抬头仰望深邃的星空,想看看它是否还是以前的样子,却只看到星星在挤眉弄眼。或许少了一片云彩,或许多了一颗星星,但是没有发现有什么不同。

去年的一个夜晚,我就这样行走在老部队的营区,浮想联翩,百感交集,一圈又一圈,总也走不够。

行走在老部队的营区,我觉得自己仍是一名年轻的战士,一名招之即来、来之能战、战之能胜的勇敢的战士。

我好想一直这样走下去,一直走在老部队的营区,但是,我又分明知道,自己毕竟只是一个过客。

一个穿过军装的过客。

走进六棱山

早就听说了六棱山的秀美,尤其那些烂漫的山桃花,媚而不俗,颇让人神往。尽管心仪已久,但苦于无机成行,也只好引以为憾。

五月初的一天,领导忽然安排我去公司下辖的白云岩矿,顿觉心花怒放,乐不可支。因为白云岩矿就坐落在六棱山上,如此,心驰已久的梦想,终于要变成现实了。

面包车一路颠簸着行进在沙石路上,偶尔的羊群、几匹骡马和荆棘丛,好像为了点缀我们的行程似的,匆匆从眼前掠过;亘古的黝黑的海岸线和久远的突兀的烽火台,在疮痍满目的山间,也仿佛在向我们倾诉着岁月的沧桑和历史的凝重。

真难以想象,这里在几十万年以前,甚至更早,居然是汪洋一片。幸亏有残存的海岸线佐证,否则只能当神话传说听听罢了。如果这里现在仍然是浪涛拍岸、一望无际的大海,该有多好啊!那我们可以悠哉游哉地在晨曦熹微时分抑或晚霞漫天之际,或牵着幼小的子女,或拥着温柔的恋人,或扶着年迈的双亲,或踽踽独行于岸边,在诗一般的意境中,边走边俯拾贝壳。最好让海水打湿鞋面和裤管后,再领略朝阳喷薄而出时的壮观和夕照归隐山林后的怅惘。那么又是什么力量使其发生了天翻地覆的改变?

六棱山毕竟离县城太远，加上道路崎岖难行，因而上山的观光客可谓凤毛麟角。尽管我们动身较早，可是当面包车沿着逶迤的山路盘旋到矿上时，已近中午。一下车，我便被那漫山遍野葳蕤的白桦林和花团锦簇的山桃花深深地吸引住了。广灵的树少，树林更少。没想到六棱山的绿化却做得这么好，是先天还是人为？粉红色的山桃花没有丁点儿的矜持，肆无忌惮地开放着，一簇簇，一丛丛，绚丽多姿，让人禁不住想多看几眼，再多看几眼，甚至想触摸一番，感觉一下它们肌肤的娇嫩和滑润。噢——还有那清澈的山泉水，欢快地跳跃着，惬意极了。我和几位同事向山巅爬去，也许只有到了顶峰，才能一饱六棱山的雄伟气势和秀丽英姿。

从矿部到山顶有一段很长的山路，需要花费很大的力气才能爬上去。几个下了班的工人师傅笑着对我们说："你们坐办公室久了，恐怕上不去的。"听后，我们笑笑相继向山顶爬去。当我们汗流浃背地爬上顶峰后，我想，有什么困难还有人克服不了的呢？流汗甚至有时流血都是在所难免的事，只要你有信心，有勇气，什么艰难险阻，什么浪高流急都将被你抛到身后，继而成为你视野里的一道风景。

一阵凉爽的山风拂面而至，不但吹走了一路的浮躁和酷热，也吹散了我的思绪。"会当凌绝顶，一览众山小。"极目远眺，但见山峦跌宕起伏，苍苍茫茫，绵亘不断，仿佛一群奔腾而来的骏马，又如一幅刚刚挥就的水墨丹青，直逼眼前，令人不能不扼腕咏叹！

就要离开六棱山了，我禁不住再一次将留恋的目光投向绚丽的山桃花。那些盛开的山桃花不就是"化工人"欣慰的笑脸吗？我想——那也许是白云岩矿朝气蓬勃的今天和明天！

梦中的母亲

不知不觉母亲离开我们快十年了。十年来,我时常梦见她老人家,要么在田间劳作,要么在家里做家务……梦到的事情几乎涵盖了生活的方方面面,而梦中的场景一直没有脱离我的故乡东崖头村,那个我从小生活长大,长大后无论走到哪里都念念不忘的地方。梦中的老家一直是堡里那个破败的老院子,而不是后来盖在堡外杏树园边的"新房子"。梦中母亲的容颜也始终未变,一直是她七十来岁的老年模样。说来也真是奇怪,我竟然从未梦见过母亲年轻时和中年时的样子,难道这么一大段岁月,母亲在我的脑海深处全是空白?难道这和我在外当兵十三年,没有和母亲朝夕相处有关?回过头算算,我当兵走时是十七周岁,母亲是五十一周岁,应该是和当兵离家时间长短无关。而梦中的我大多还没有长大,十来岁的年纪,不是被个子高大的孩子欺负哭醒,就是到处找不到厕所让尿憋醒,或是走着走着一脚跌入深渊吓醒……极少梦见吃糖块、吃饼干、滚铁环、打链子枪这些幸福的事情。

梦中的母亲和实际生活中的母亲一样,一头干练的短发,一副慈祥的面孔,一身朴素的打扮,一种听天由命的心态,不是在干这,就是在干那,勤勤恳恳,总有干不完的活等着她。

梦中的母亲依然爱唠唠叨叨,听着颇让人烦。但事后一考虑,一玩味,觉得每一句话都充满关爱,每一句话都饱含深情,每一句话都带着温度,哪怕是指责的话语。每当我放学回家,她就会一边干活,一边催促我做作业,特别是当我遇到难题的时候,总是让我多动脑筋,多想老师在课堂上怎么讲的,举例子没有?以前碰到过类似的题型没有?不停地说,不停地说,听得耳根痒痒。然而当现在特想听她唠叨几句时,却再也听不见了。没想到母亲的唠叨居然成了绝品,成了珍品,再也无法复制,再也难以寻觅了。夏日我打完羊草到家了,母亲先不让进家,让我在院里站着,由她上上下下拍打我身上的土,拍打一会儿看没拍净,再回屋去了笤帚扫,边扫边说:"让你带壶水就是不听,看这嘴唇干的,都快裂口子了。看看,手上划这么多血道子,疼不疼了?看看,又把鞋踩泥了,布鞋这么湿几回就不结实了。"不停地说,不停地说,让人无言以对。冬天我在壶流河滑冰时经常摔倒,不是小心不小心的问题,而是技术不过关,掌握不好平衡,因此常常弄湿棉裤或者棉鞋。这样,便不敢轻易回家,得四处弄些干柴、玉米秸秆点着了烤火,直到把湿棉裤、湿棉鞋烤干,或者烤得半湿不干的时候才敢回家,常常误了饭点。虽然烤火的时候分外注意,可有时还是会不小心烤糊了棉裤或者棉鞋,就磨磨蹭蹭更不敢回家了。等回到家,尽管刻意遮掩着,但母亲总会第一时间发现情况,估计是焦味出卖了我。那时,她就会将我从头数落到脚,什么湿了就湿了也得回家呀,冻坏了怎么办?什么做条棉裤做双棉鞋是费钱是不容易,可也得回家呀,饿坏了怎么办?不停地说,不停地说,说得我的头越来越低,越来越低,鼻子不停地抽抽,不知是流鼻涕的原因,还是流泪的缘故。

要是问我十年间做了多少和母亲有关的梦,还真不知道。没

数过。有时一晚上做好几个梦,每个梦里都有母亲。有的梦朦朦胧胧的,醒了,也便忘了。有的梦特别清晰,仿佛就发生在现实生活中,跟真的一样,可醒来才知道是个梦,不免有些怅惘,有些遗憾,叹息复叹息,希望那个梦是真的,希望自己仍然生活在母亲跟前没有长大,希望母亲依旧陪伴在我们身边。

记忆中,做过好几个关于母亲奇怪的梦。梦中母亲的言行,有的荒诞不经,有的不可理喻,有的匪夷所思……即使梦醒了,反复琢磨也难解其意,有悖于常理,更是和人们常说的"日有所思,夜有所梦"大相径庭。也许大家认为我太认真了,梦就是梦,不能当真,可是我说服不了自己,以为冥冥之中,梦要告诉我什么似的。

记得有一个梦的故事发生在深秋。一天,我早早就拿着布口袋、绳子和搂柴火的耙子去西河滩搂树叶,给家里养的两只羊准备越冬的干粮。彼时的天气已经很冷,风飕飕的,刮得我一会儿迷眼了,隔一会儿又迷眼了,弄得人眼泪流个不停,而感觉眼却是干涩的。母亲说可能是因为我的睫毛短的缘故,后来才知道自己的眼是沙眼,两种原因皆有。我手忙脚乱地搂着杨树、柳树的落叶,等我好不容易搂起几小堆树叶,还没来得及装进口袋,就又被风吹散了。几次三番过后,我吸取教训,不再贪图树叶的堆数,而是搂好一堆,就赶紧放下耙子把树叶装入袋子,如此,虽然烦琐一些,却立竿见影,很有成效。就在我快把布口袋塞满的时候,远远地望见母亲步履蹒跚地向我走来,还未等走近,就听见她说:"也不嫌饿,快回家吃饭吧。"原来,天已晌午,母亲见我迟迟未归,加之前段时间闹狼,她放心不下,就到小树林来寻找我了。母亲刚说完小心有狼,突然就见一匹大灰狼窜到了她的身后,张着血盆大口,和小时候看的故事书里的大灰狼一模一样,直立立地站在她身后。我吓得忙喊:"娘,快跑,后面有狼。"然而母亲的身体动了动,却不见移动多大点儿脚步。这时我才看清,母亲穿着我在部队时只有冬天才穿的笨重的"大头鞋",难怪她走得那么慢,跟我在部队进行队列训练时走分解动作似的。只见狼一口叼起母亲就跑了,吓得我一下子瘫倒在地上,禁不住失声恸哭起来……

母亲后来还是被病魔夺走了生命,离开那个虽然破旧却不失温暖的家,离开那个她亲手栽种,并且长满茄子、尖椒、黄瓜、蔓菁,满眼青葱、绿意盎然的老院。我是多么害怕失去母亲啊!我是多么想挽留住母亲啊!但是,好多事情是不以人的意志为转移的,最终,母亲离我们而去,空留下无尽的思念,蹉跎了岁月,沧桑了流年。

后　记

出书的愿望由来已久，今天终于梦想成真。

如果没有文学路上众师友的不断鼓励，没有前些日子唐山之行的战友会晤，没有他们毫不留情地重磅"指责"，恐怕出书的日子还得一推再推。

其实，以前倒也出过一本所谓的"书"。这本书，没有书号，由一个小印刷厂印制，小说、诗歌、散文、评论聚集在一起，像"杂牌军"，更像"大杂院"，或者"杂货铺"，看上去不伦不类，甚是滑稽可笑。

出书的念头一动，便想到了请序。在大同地区，文学成就斐然、名闻遐迩的大师不少，但认识并与之有过交往的却不多。思来想去，最后暂定下两位作序的老师人选。这是自己的想法，人家愿不愿意，顾得上顾不上尚不得知。于是通过一位文友试探着联系了其中一位老师曾强，没想到曾老师听说是我，竟爽快地答应了——真是让人喜出望外。

由于我的创作时断时续，又是平生第一次出书，因此，书中收录的作品的发表时间跨度非常大,有 1988 年的,也有今年的,绝大多数是在全国各级报刊登载过的。加之水平有限,书中难免有瑕疵和不妥之处,敬请读者朋友们批评指正。

最后深深感谢给予本书大力支持、帮助的曾强老师和郑文科、王继奎、刘志军等好战友、好同学、好兄弟!

谢谢你们!

2021 年 11 月 16 日